Les Chevaliers

Cet ouvrage est l'adaptation française de
Insiders Knights & Castles

Première impression : 2007

Directeur général John Owen
Président-Directeur général Terry Newell
Éditeur Sheena Coupe
Directeur de création Sue Burk
Développement John Bull, The Book Design Company
Coordination éditoriale Mike Crowton
Vice-Président, Ventes internationales Stuart Laurence
Vice-Président, Ventes et développement Amy Kaneko
Vice-Président, Ventes Asie et Amérique latine : Dawn Low
Administrateur, Ventes internationales Kristine Ravn

Éditeur du projet Lachlan McLaine
Designers John Bull, The Book Design Company

Édition française

Traduction : Valérie Videau
Lecture-révision : Madeleine Biaujeaud
ISBN : 978-2-03-583453-9
N° de projet : 11003918
Dépôt légal : mars 2008

Reproduction des couleurs par Chroma Graphics (Overseas) Pte Ltd
Imprimé en Chine par SNP Leefung Printers Ltd

À la loupe

Les Chevaliers

Philip Dixon

Sommaire

Panorama

Au temps des chevaliers

Le château-forteresse

Le château-palais

Zoom sur

La vie d'un chevalier

Les châteaux

Panorama

Les chevaliers du Moyen Âge

Pendant la période du Moyen Âge, des années 1000 à 1500, les chevaliers occupèrent un rôle prépondérant en Europe. À cette époque, l'organisation de la société était de type « pyramidal ». Chaque chevalier était le serviteur d'un seigneur. Au niveau supérieur, le seigneur jurait aussi loyauté et fidélité au roi. Les premiers chevaliers n'étaient que des soldats à cheval qui servaient des seigneurs locaux. Comme ces derniers avaient beaucoup de terres, mais pas assez d'argent pour subvenir aux besoins de leurs chevaliers, ils décidèrent de leur céder des domaines pour éviter de les prendre en charge. Les chevaliers devinrent propriétaires et firent à leur tour payer un loyer à ceux qui travaillaient pour eux, et qui vivaient sur leur domaine.

La pyramide sociale

Dans l'Europe médiévale, l'organisation sociale était fondée sur le système féodal. Le roi était en haut de l'échelle sociale, les barons et leurs chevaliers en dessous, les fermiers et les serfs, tout en bas. Tous, néanmoins, étaient soumis à un système complexe de droits et de devoirs.

Le chevalier à l'armure étincelante Quand on parle de chevalier, on l'imagine romantique, toujours prêt à sauver la population avec courage et détermination. C'est bien ainsi que ces hommes se percevaient ! Cette illustration du XIVe siècle montre un chevalier terrassant un dragon.

Cités et villes *L'organisation politique d'une ville était la copie, en miniature, de l'organisation du pays : le maire gouvernait avec un Conseil de riches commerçants (les barons), tandis que les ouvriers ainsi que les artisans leur payaient un loyer.*

Barons *Cette caste de nobles cédait des terres aux chevaliers. En retour, ceux-ci leur juraient loyauté et soutien en temps de guerre. Les barons vivaient dans de superbes châteaux.*

Chevaliers *Certains chevaliers étaient des mercenaires qui combattaient uniquement pour de l'argent, mais la plupart d'entre eux recevaient des terres en échange de leur loyauté et de leur bravoure. Contrairement à la lignée des barons, le rang des chevaliers ne se transmettait pas de père en fils.*

Le roi *De nos jours, personne ne peut égaler la puissance d'un roi médiéval. Il donnait des terres aux barons et leur accordait des privilèges que ces derniers pouvaient transmettre à leurs héritiers. En échange, les barons étaient tout dévoués au roi et le fournissaient en soldats.*
L'Église *C'était la plus grande propriétaire, car elle détenait à elle seule un tiers des terres en Europe. Ses abbés et ses évêques figuraient parmi les barons les plus influents. L'Église et l'État, gouvernés par le roi, étaient unis tant que régnaient la paix et la prospérité.*
Le pape *À la tête de l'Église, il devait approuver la nomination des évêques, des abbés et même des rois. Cette toute-puissance générait de sérieux conflits, notamment lors de la nomination des évêques.*
Les évêques *On trouvait ces chefs religieux parmi les barons les plus riches. Ils possédaient leurs propres terres et avaient leurs propres chevaliers.*
La dîme *Cette taxe annuelle, dont les paysans devaient s'acquitter auprès de l'Église, représentait un dixième de leurs récoltes. Ces ressources considérables permettaient de payer les ecclésiastiques et d'entretenir les bâtiments.*
Les croisés *Lorsqu'un chevalier, un baron, ou même un roi décidait de partir en croisade, ses terres étaient protégées et ses biens, gardés en sécurité. De sa bravoure dépendait son salut.*
Paysans, ouvriers et serfs *La plupart d'entre eux vivaient et travaillaient sur des terres appartenant aux chevaliers et aux seigneurs. En échange, ils payaient un loyer ou donnaient une partie de leurs récoltes. La majorité d'entre eux étaient asservis à une terre et n'avaient pas le droit d'en partir.*

Les croisés

Vers la fin du XIe siècle, il était devenu impossible aux pèlerins chrétiens de se rendre à Jérusalem et en Terre sainte. Le pape donna alors l'ordre aux soldats de reconquérir ces Lieux saints, que les musulmans occupaient depuis plus de 400 ans. On encouragea l'expédition en Terre sainte en promettant aux croisés le pardon de leurs péchés et la protection de leurs biens en leur absence. Durant les deux siècles qui suivirent, il y eut huit croisades. Lors de la première, les croisés reprirent Jérusalem et créèrent un royaume chrétien. Par la suite, les musulmans, sous les ordres de leur chef Saladin, puis sous ceux du sultan Baibars, repoussèrent les chevaliers et reconquirent définitivement les places fortes.

Chevaliers en mission
Les croisés portaient leur lourde armure, malgré la chaleur du Moyen-Orient. Si la plupart gardaient leur propre blason sur leurs boucliers et leurs surcots, d'autres les unissaient à la croix rouge qui rappelait la crucifixion du Christ.

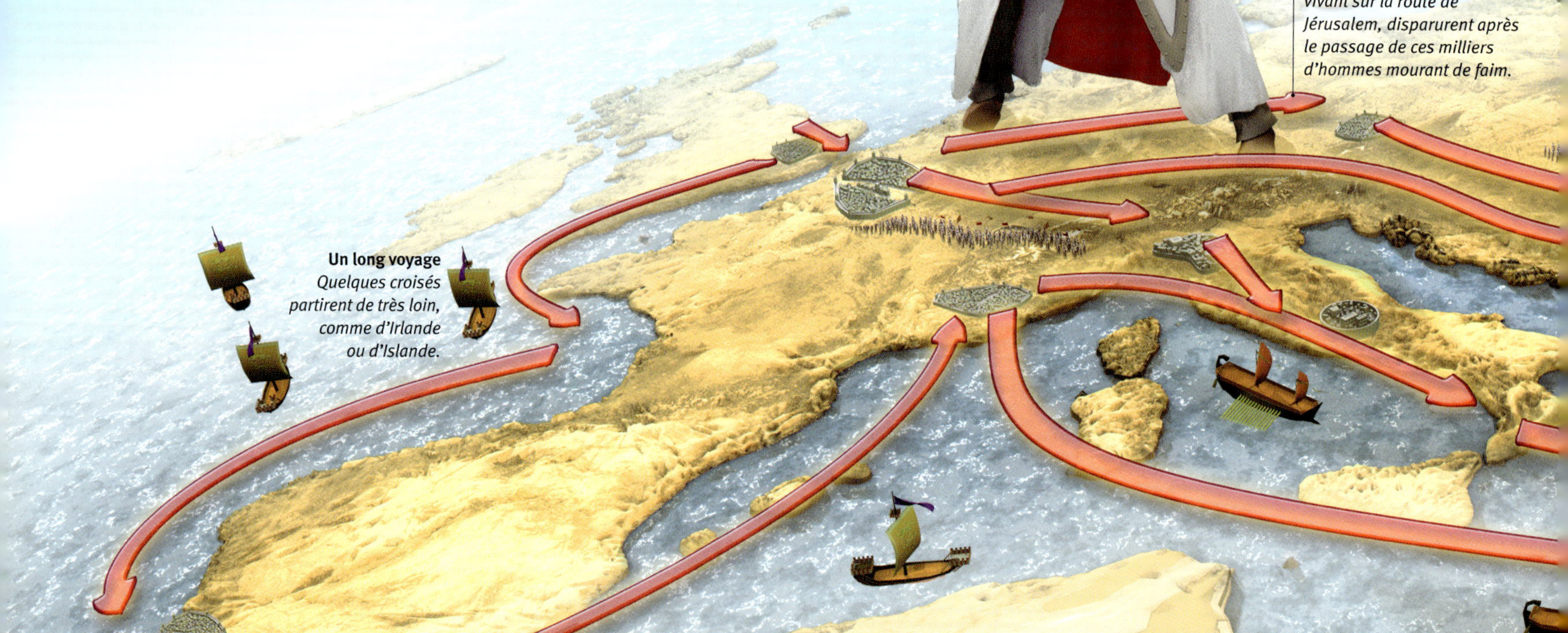

Armée en marche *Les armées de chevaliers vivaient des ressources qu'ils trouvaient sur les terres qu'ils traversaient. De nombreuses communautés, vivant sur la route de Jérusalem, disparurent après le passage de ces milliers d'hommes mourant de faim.*

Un long voyage
Quelques croisés partirent de très loin, comme d'Irlande ou d'Islande.

Des mers dangereuses
Les croisés étaient victimes des pirates. Nombre d'entre eux furent envoyés comme esclaves vers les royaumes des côtes africaines.

Un champ de ruines
Le château de Sidon au Liban, construit pour protéger le port alentour, montre bien à quoi ressemblait une forteresse bâtie par les croisés. La prise de forts comme celui-ci par les musulmans, au XIIIe siècle, marqua la fin du royaume des croisés.

Saint Louis met les voiles...
Le roi de France Louis IX, dit Saint Louis, mena deux croisades, mais toutes deux furent un échec. Cette illustration montre l'embarquement du roi lors de la seconde croisade en 1270, au port d'Aigues-Mortes.

Les défenseurs de l'Est
Les croisés menèrent de nombreuses batailles sanglantes contre les guerriers musulmans qui défendaient leurs terres. Bien que ces derniers soient issus de pays différents, ils constituaient une armée unie et puissante face aux croisés.

Constantinople *Capitale de l'Empire byzantin, Constantinople était la plus vaste et la plus riche ville de l'Europe médiévale. La religion de cet empire représentait la branche grecque orthodoxe du christianisme.*

Les royaumes des croisés *À leur apogée, les royaumes des croisés (indiqués en violet) englobaient l'Israël actuel, la Palestine, la Syrie occidentale, une partie de la Jordanie ainsi que les zones kurdes de la Turquie et de l'Arménie.*

Jérusalem *Ville sainte pour les juifs, les chrétiens et les musulmans, Jérusalem était l'ultime but à atteindre pour les pèlerins chrétiens. Dès qu'ils la contrôlèrent, les croisés ne laissèrent plus y accéder que les chrétiens.*

Le voyage vers Jérusalem

Si la plupart des croisés venaient des grands royaumes d'Europe, comme l'Angleterre, la France ou l'Allemagne, d'autres troupes arrivaient de toutes parts. Les pauvres traversaient Constantinople (aujourd'hui Istanbul) à pied tandis que les riches seigneurs voyageaient en bateau. Beaucoup de croisés ne revirent jamais leurs terres...

Chevaliers et soldats au combat

Contrairement aux armées modernes, les chevaliers ne s'entraînaient pas ensemble. Ils s'exerçaient en famille et lors des tournois. Leurs techniques de combat restaient donc très simples : un groupe de chevaliers devait s'élancer vers l'armée ennemie. L'attaque par les soldats en armures était si puissante que, une fois engagée, il était très difficile de la stopper. Les chevaliers devaient donc charger violemment l'ennemi et quitter massivement le champ de bataille. S'ils étaient pris en embuscade, ils devenaient vulnérables car il leur était presque impossible de diriger leurs chevaux dans la foule.

Les fantassins
Outre les chevaliers et les archers, les armées utilisaient aussi des fantassins. Au début, ces derniers étaient de simples paysans au service des chevaliers. Mais lors des grandes guerres, après 1300, leur rôle s'étoffa, car ils étaient davantage entraînés.

À la charge !

L'armée la plus nombreuse ne gagnait pas forcément la bataille ! La ruse était parfois plus efficace... Ici, l'armée bleue attaque la rouge, qui semble vulnérable. Or une grande partie de son effectif est restée cachée dans les bois et s'apprête à donner la charge sur le flanc des soldats bleus !

Camp piegé *Les tentes semblent une cible idéale pour l'armée bleue. Pourtant, elles sont protégées par une palissade derrière laquelle des arbalétriers se mettent à l'abri pour tirer sur l'ennemi.*

La charge des chevaliers *Placés en tête de l'armée bleue, les chevaliers chargent, espérant écraser l'armée ennemie, bien qu'elle soit plus nombreuse.*

L'appât *Positionnés sur une colline, un groupe de chevaliers, protégés par des soldats armés de lances, font mine d'être l'armée principale.*

LES OUTILS DE GUERRE

Les hommes d'armes, professionnels, choisissaient les armes selon leur force. Ils prenaient souvent une épée, même si marteaux et masses d'armes suffisaient pour assommer les chevaliers dans leur armure à plates.

L'archer
Les archers avaient un rôle important, mais étaient peu protégés.

Maudite arbalète !
Cette arme était bannie par le pape parce qu'elle était, à ses yeux, déloyale. Pourtant, sa grande popularité perdura jusqu'à la fin du Moyen Âge.

Une pluie de flèches *Restés à l'arrière, à l'abri, les archers tirent leurs flèches, haut dans le ciel. Leurs adversaires se dispersent alors dans la plus grande confusion !*

Une attaque-surprise *Une fois les soldats de l'armée bleue engagés dans le combat, ceux de l'armée rouge, restés cachés, surgissent, puis attaquent à leur tour…*

Dans la bagarre *Les fantassins courent derrière les chevaliers, prêts à effectuer un corps-à-corps si certains rangs de l'armée adverse se disloquent.*

Le dernier combat

Durant le Moyen Âge, les tactiques et les techniques de guerre évoluèrent. Les flèches, jaillissant d'arcs plus sophistiqués, rendirent vite la cotte de mailles inutile. On se mit donc à utiliser une lourde armure de métal. Mais certaines batailles décisives furent remportées par des fantassins, démunis d'armures, et simplement armés d'arcs, de longues piques et, plus tard, de pistolets, face à des chevaliers dont les armures étaient trop lourdes ! Vers la fin du XVe siècle, il était courant que les chevaliers renvoient leurs chevaux pour combattre au sol. Par la suite, les invincibles chevaliers disparurent complètement des champs de bataille.

Du nouveau pour les chevaliers
Les changements sociaux ont contribué au déclin des chevaliers. Beaucoup préféraient payer une taxe au roi plutôt que de risquer leur vie au combat. Ces taxes permettaient au roi de payer une armée de mercenaires tandis que les chevaliers menaient une vie paisible.

NOUVELLES ARMES DE GUERRE

Vers la fin de la période médiévale, même la plus épaisse des armures pouvait être transpercée par une flèche tirée par un puissant archer ou encore par la balle d'un simple fusil.

Arbalète de chasse, XVe siècle

Pistolet, fin XVe siècle

Les chevaliers trouvent à qui parler !

Cette scène montre des chevaliers confrontés à des soldats armés de longues piques, qui avancent en rangs serrés. Les chevaliers sont obligés de s'infiltrer dans les étroits passages, ce qui les rend vulnérables.

À l'abri des châteaux forts

Les châteaux forts étaient les demeures des seigneurs féodaux. Ils avaient été construits pour assurer la protection des territoires conquis, mais, pendant des siècles, ils servirent à maintenir le pouvoir des seigneurs aussi bien en temps de paix qu'en temps de guerre. Au Moyen Âge, les alliances changeaient rapidement ; en cas d'attaque, le château devenait le refuge du seigneur et de ses défenseurs, et servait de garnison pour sa propre armée. En temps de paix, il rassemblait l'administration et l'industrie, et sa puissance permettait au seigneur de se faire respecter par ses serfs.

LE PONT-LEVIS

L'entrée était souvent le point faible du château, alors on construisit un pont-levis. Des gardes le levaient à l'aide d'une manivelle.

Clac ! Fermé ! En cas de besoin, une lourde porte grillagée, appelée herse, pouvait s'abaisser en un éclair.

Accès interdit Sous le pont-levis, on trouvait soit un profond fossé, soit des douves remplies d'eau.

Un château idéal

Lorsque les constructeurs disposaient d'un vaste terrain plat, ils préconisaient un plan symétrique, pour que, de chaque partie du château, l'on puisse avoir une vue dégagée. Les archers pouvaient alors tirer de partout sur leurs ennemis. Le château à deux enceintes concentriques était une redoutable forteresse, mais difficile à aménager à l'intérieur.

La tour de guet extérieure *Là se trouvaient les écurie les ateliers et les bâtimen administratifs pour les se du seigneur.*

Les douves *Elles représentaient la première ligne de défense et empêchaient aux assaillants de s'approcher des murailles...*

À vol d'oiseau
Les archers se tenaient en haut des tourelles pour surveiller les alentours du château.
Tour d'angle *Les imposantes tours cylindriques servaient non seulement de défense, mais également de logements.*
Mur d'enceinte *Haut de 9 mètres environ, ce mur donnait sur les tours et sur le mur de la cour intérieure.*
Guet intérieur *Il représentait la partie centrale du château. Il comprenait la grande salle, les chambres, la chapelle et la cuisine du seigneur.*
Escalier à vis
On accédait aux étages par un escalier étroit qui tournait vers la droite ; ainsi le défenseur droitier qui descendait était avantagé par rapport à l'attaquant qui montait.
Ennemis en vue !
Ces palissades de bois permettaient aux archers de tirer sur tout ennemi qui s'approchait un peu trop du château.

L'évolution
des châteaux

On trouve des châteaux dans toute l'Europe ainsi qu'au Moyen-Orient et au Japon. Leur construction et leur apogée n'eurent pas lieu à la même époque. Au début du Moyen Âge, les châteaux les plus impressionnants se trouvaient dans le monde musulman ; ceux du Japon furent construits bien après. Les châteaux n'avaient pas la même taille selon leur lieu d'implantation, leur utilité ou les matériaux trouvés sur place. Même si les hommes qui ont construit ces édifices majestueux ont disparu, les vestiges de nombreux châteaux racontent encore cette époque tourmentée.

Carte des châteaux
On construisait des châteaux dans les sociétés où les régions tenaient le pouvoir. La plupart étaient situés en Europe, au Moyen-Orient et en l'Asie. Ce type de société, appelée féodale, contrastait avec les grands États, empires et sociétés tribales où les châteaux étaient rares.

De toutes tailles
Les châteaux étaient construits en bois, en chaux ou en pierre, et pouvaient être de taille imposante ou modeste. Mais tous servaient à repousser l'ennemi.

1
VIIIe siècle : châteaux islamiques
Qasr al-Hayr, Syrie
Certains châteaux de style musulman protégeaient les routes du commerce ; d'autres furent construits par les Maures en Espagne et au Portugal.

3
XIIe siècle : donjon de pierre
Château Rochester, Angleterre
Les seigneurs remplacèrent les châteaux en bois par des donjons en pierre. Ceux-ci comportaient des tours plus ou moins imposantes qui reflétaient leur rang.

4
XIIe et XIIIe siècles : châteaux de croisés
Krak des Chevaliers, Syrie
Les menaces constantes obligeaient les croisés à construire de redoutables forteresses. Vers le XIIIe siècle, seuls les plus grands seigneurs pouvaient s'offrir de tels châteaux.

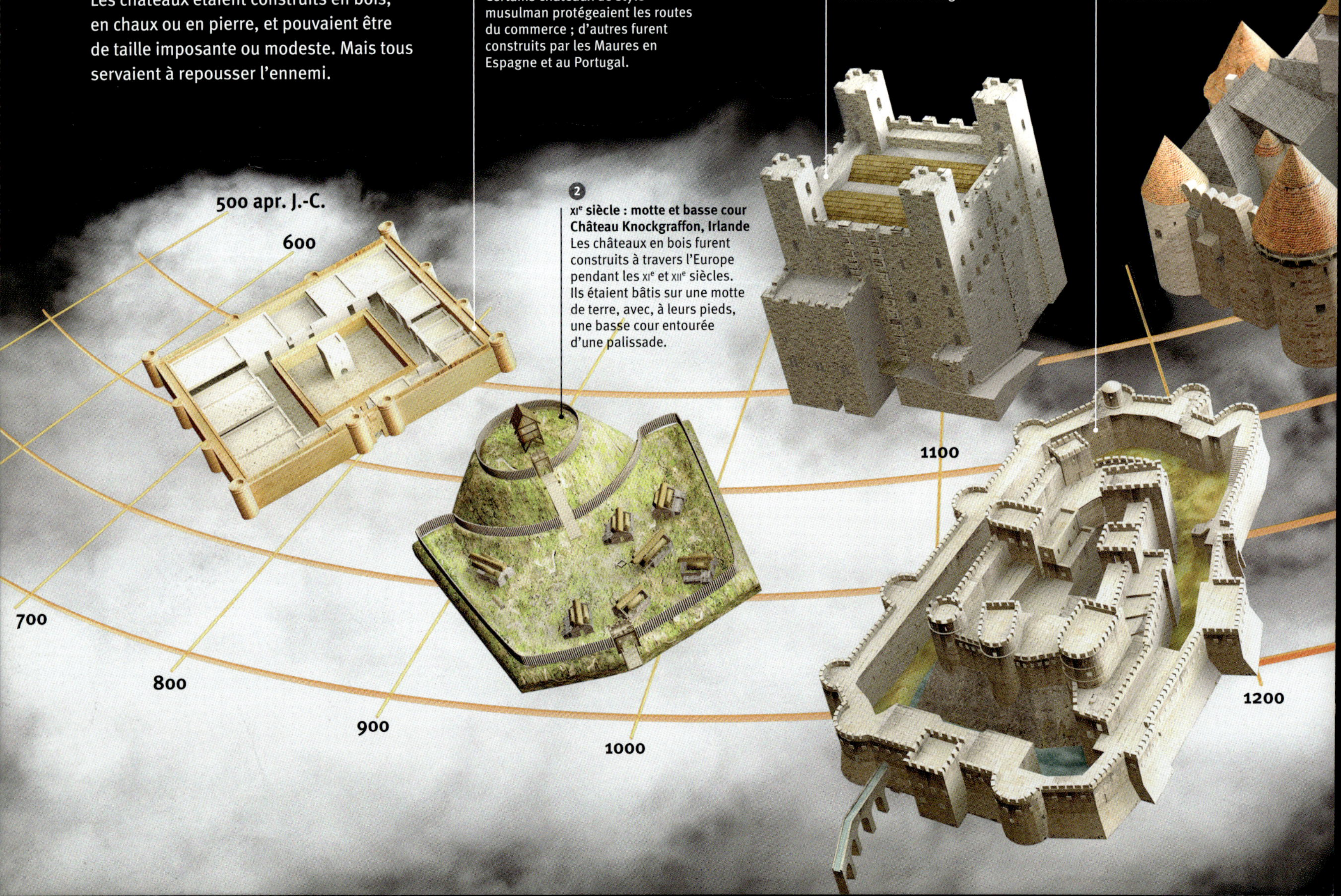

2
XIe siècle : motte et basse cour
Château Knockgraffon, Irlande
Les châteaux en bois furent construits à travers l'Europe pendant les XIe et XIIe siècles. Ils étaient bâtis sur une motte de terre, avec, à leurs pieds, une basse cour entourée d'une palissade.

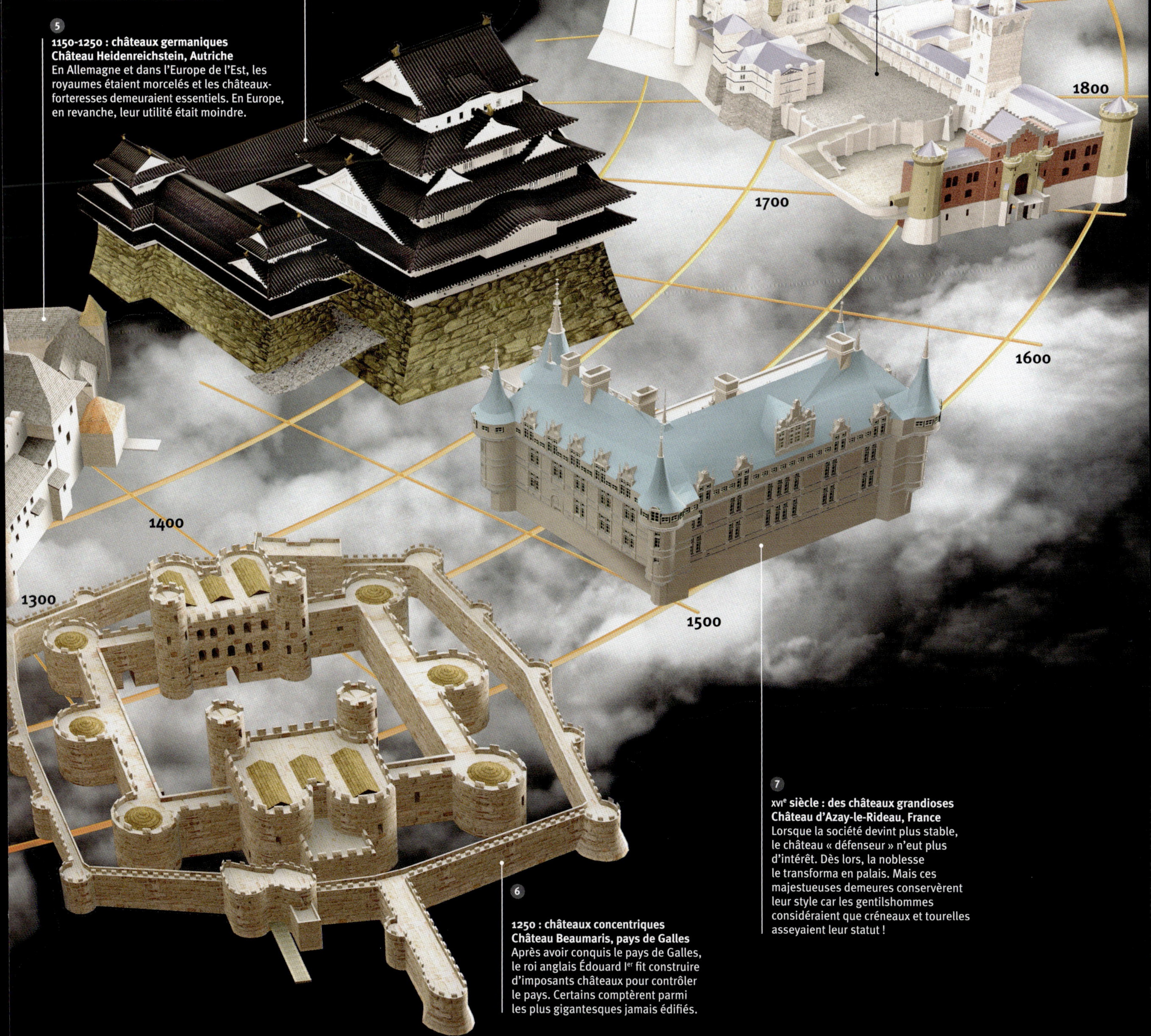

5

1150-1250 : châteaux germaniques
Château Heidenreichstein, Autriche
En Allemagne et dans l'Europe de l'Est, les royaumes étaient morcelés et les châteaux-forteresses demeuraient essentiels. En Europe, en revanche, leur utilité était moindre.

6

1250 : châteaux concentriques
Château Beaumaris, pays de Galles
Après avoir conquis le pays de Galles, le roi anglais Édouard Ier fit construire d'imposants châteaux pour contrôler le pays. Certains comptèrent parmi les plus gigantesques jamais édifiés.

7

XVIe siècle : des châteaux grandioses
Château d'Azay-le-Rideau, France
Lorsque la société devint plus stable, le château « défenseur » n'eut plus d'intérêt. Dès lors, la noblesse le transforma en palais. Mais ces majestueuses demeures conservèrent leur style car les gentilshommes considéraient que créneaux et tourelles asseyaient leur statut !

8

XVIe siècle, début du XVIIe : châteaux japonais
Château Himeji, Japon
Tandis que l'on assistait, en Europe, au déclin des châteaux, les *shoguns* (les nobles) du Japon mesuraient leur pouvoir à la taille de leurs impressionnantes maisons fortifiées.

9

XIXe siècle : châteaux fantaisie
Château Neuschwanstein, Allemagne
Au XIXe siècle, les romans historiques ont remis les châteaux au goût du jour. Ainsi, de nombreux souverains et riches industriels en édifièrent de nouveaux.

La construction
du château

Bâtir un château était une entreprise colossale ! Maçons, charpentiers, forgerons et ouvriers participaient à cette construction. 500 hommes, voire plus en cas d'urgence, étaient sous le contrôle d'un maître architecte. La construction d'un château durait au moins dix ans. Le travail cessait généralement en hiver, car le gel abîmait le mortier et l'empêchait de prendre. En attendant le printemps, les maçons taillaient alors les pierres dans des granges tandis que le reste de la main-d'œuvre retournait chez elle.

Sacré chantier

La construction d'un château moderne n'a pas beaucoup changé par rapport au Moyen Âge. La grande différence réside bien sûr dans le fait qu'à cette époque, tout ne s'effectuait qu'à la force des bras.

Cage à écureuil *Les lourdes pierres étaient soulevées à l'aide d'une cage à écureuil qu'un homme très musclé actionnait.*

Les maçons *Munis de ciseaux à pierre et de burins, les maçons coupaient, façonnaient et polissaient les gros blocs de pierre. Ils égalisaient la taille avec un fil à plomb.*

Fabrication du mortier *Le mortier médiéval était fait avec de la pierre à chaux mélangée à du sable.*

Les forgerons *Ces hommes fabriquaient des clous et autres pièces de métal qu'ils forgeaient et affûtaient pour les outils des maçons.*

Un bon mélange *Pour former des murs solides, les constructions étaient faites avec des éclats de pierres tendres mélangés à de la pierre et du mortier.*

Le maître maçon *C'était l'architecte, l'ingénieur, le maître d'œuvre du chantier. Il avait acquis son habileté en travaillant de nombreuses années sous les ordres d'autres maçons.*

La signature des maçons
Les maçons étaient en général payés au nombre de pierres qu'ils façonnaient. Pour que l'on sache qui avait effectué le travail, chaque maçon sculptait une marque personnelle dans les pierres.

OUTILS DE CONSTRUCTION

Les outils des artisans ont très peu évolué au fil du temps. C'est le cas des marteaux, des ciseaux à pierre, des forets (vilebrequin) et des scies à monture. Pour preuve, les Romains se servaient de ces mêmes outils !

À l'assaut
du château

Conquérir un château était l'étape la plus importante d'une guerre. Aucune armée ne pouvait conquérir un territoire sans assiéger les châteaux qui s'y trouvaient. Tous les seigneurs le savaient et envoyaient de ce fait des troupes de surveillance, par crainte d'être attaqués par derrière. Il y avait deux manières simples de prendre un château : pénétrer à l'intérieur en escaladant les murs puis en maîtrisant les occupants, ou bien encercler le château et pousser les occupants à se soumettre. Cette tactique pouvait prendre des mois...

Début de siège

Les assaillants s'emparaient du château à l'aide d'archers, d'engins et d'une tour de siège. Si leur tentative échouait, et si les défenseurs ne se rendaient pas, alors un long et terrible assaut commençait...

Quel choc ! *Trois ou quatre boulets lancés au même endroit par un trébuchet suffisaient pour démolir le haut d'un mur. L'impact, très violent, effrayait et démoralisait les défenseurs.*

Terre brûlée *Lorsque les assaillants avançaient, les occupants du château brûlaient leurs maisons et leurs récoltes, puis enlevaient tout ce qui pouvait les aider : nourriture, bois...*

Mangonneau *Cette machine n'était pas aussi précise que le trébuchet, mais elle était facile à construire et à manœuvrer.*

À l'abri *Les palissades de bois et de paille permettaient aux archers de s'approcher des murs du château.*

MACHINES DE GUERRE

Certaines technologies du Moyen Âge ont été si bien développées que, de nos jours, elles servent encore en cas de guerre.

Mangonneau
Ces catapultes, fabriquées avec des cordes de cheveux ou de nerfs tressés, étaient extrêmement puissantes. Elles pouvaient propulser un projectile à plus de 200 mètres !

Tour de siège ou beffroi
Les plus grands beffrois étaient aussi hauts qu'un immeuble de dix étages et pouvaient supporter le poids de nombreux archers et de catapultes.

Par-dessus les remparts *Le seul moyen d'assiéger un château était de passer par la porte ou par les remparts. Les tours de siège, pleines de combattants, servaient à ouvrir des brèches dans les murs.*

Point faible *Les palissades de bois étaient la cible privilégiée des flèches enflammées des assaillants, mais mieux valait ne pas rester longtemps dessous.*

TRÉBUCHET

Les projectiles les plus impressionnants étaient lancés à l'aide de trébuchets. Ces machines utilisaient des contrepoids et de longues poutrelles munies de frondes. Ces engins pouvaient propulser des pierres de 135 kilos jusqu'à 365 mètres ! Ils nécessitaient une attention constante pour que leur mécanisme ne s'enraye pas.

L'attaque et
la défense

Durant tout le Moyen Âge, l'aspect des châteaux évolua constamment et de solides améliorations furent apportées en matière de défense. Hélas ! À chaque avancée technique, une tactique militaire plus ingénieuse ou un engin plus sophistiqué la réduisaient à néant. Les combats de siège étaient donc souvent voués à l'échec. Lorsque ces terribles batailles avaient lieu, chaque camp utilisait sa technique pour combattre l'adversaire : lancer des projectiles, utiliser le tir à l'arc, les coups de bélier, le feu, ou encore creuser des galeries dans les murs. Même le château le plus imprenable n'était pas à l'abri d'une offensive. Les soldats pouvaient même être soudoyés par l'ennemi pour abandonner le combat...

Casser et entrer

Le corps de garde permettait de protéger le passage des charrettes et des fourgons. Mais cette ouverture était l'endroit idéal pour assaillir un château. Néanmoins les défenseurs connaissaient mille ruses pour repousser l'ennemi...

LES PROJECTILES

Les pierres étaient les projectiles les plus utilisés, mais une vaste batterie d'objets étaient également propulsés : des pots embrasés pour propager le feu, toutes sortes de liquides bouillants et même des cadavres d'animaux pour répandre des maladies.

Pots enflammés Une fois lancés sur une cible, ces pots d'argile propageaient le feu rapidement.

Bombes de pierre Les grosses pierres rondes allaient loin devant.

Ça brûle ! Des pots d'eau bouillante étaient violemment jetés sur les assaillants.

Maladies assurées Les cadavres d'animaux envoyés inoculaient des maladies.

Averse mortelle *De l'eau bouillante était déversée par des ouvertures pratiquées dans les remparts, appelées mâchicoulis.*

Un assaut raté *Attaquer un château à l'aide d'échelles était certes un moyen rapide, mais souvent périlleux. Les défenseurs repoussaient les assaillants avec de longues perches.*

Herse *Cette lourde grille de bois et de fer constituait la dernière ligne de défense.*

Tactiques en sous-sol *Les mineurs étaient chargés de préparer une contre-mine. C'est dans cette galerie souterraine que les soldats du château se tenaient. Lorsqu'ils rencontraient l'ennemi, les combats étaient d'une rare violence.*

Miné ! *Si le château n'était pas construit sur un pic rocheux, des mineurs creusaient des tunnels sous les fondations. Lors d'attaques surprises, on mettait le feu à ces tunnels pour que le mur s'écroule sur les envahisseurs.*

Le château en temps de paix

De nombreux châteaux n'ont jamais été assiégés. Demeures des souverains et des nobles, on y coulait des journées calmes pendant lesquelles on s'adonnait à de paisibles activités. Ces passe-temps allaient de la broderie à l'art de séduire ! Places fortes des pouvoirs, les châteaux abritaient aussi le gouvernement, le pouvoir politique et les... conspirations. On y administrait aussi les terres agricoles du seigneur et on collectait les loyers. On y trouvait les ateliers des charpentiers et des forgerons. Enfin, l'or et les documents importants étaient soigneusement conservés, bien à l'abri de ces murs.

Dedans et dehors

Véritables forteresses de l'extérieur, ces imposants châteaux étaient conçus pour être le plus confortable possible. Ils abritaient bien sûr les châtelains, mais aussi de nombreuses personnes qui travaillaient à leur service.

La chapelle *Le service religieux quotidien constituait un moment essentiel de la vie. Aussi la chapelle était-elle un endroit-clé pour chacun. Cependant, le seigneur et sa famille suivaient les offices dans une chapelle personnelle.*

Les toilettes *Ces cabinets d'aisance étaient construits dans l'épaisseur d'un mur, et leurs évacuations étaient déversées soit dans des fosses, soit au pied de la muraille.*

Bien gardé ! *L'accès au château était très contrôlé, même en temps de paix. Le principal souci des gardes était de barrer la route aux voleurs…*

À l'hôtel ! *Lorsque le seigneur était présent au château, certains occupants devaient loger à l'extérieur, dans des chaumières ou des auberges des villages proches du domaine.*

Les ateliers
Situés en général dans un bâtiment extérieur, ils servaient aussi d'habitation aux artisans qui fabriquaient les meubles, les tonneaux, les objets en métal et tout ce dont les occupants du château avaient besoin.

Les cuisines
Il arrivait quelquefois qu'un château où vivait le seigneur et sa famille ait à accueillir 200 ou 300 personnes. Les cuisines devaient être suffisamment vastes pour pouvoir y préparer tant de repas.

La garnison *C'était l'endroit où les soldats dormaient et gardaient leur équipement. Une douzaine de soldats restaient aussi en temps de paix pour économiser leurs salaires.*

Les appartements du seigneur
Le seigneur et sa famille occupaient une petite suite comprenant des pièces isolées du reste du château. Des gardes se tenaient à leurs portes et dans les escaliers.

Le puits *Avoir toujours de l'eau fraîche à disposition était vital. Celle-ci était principalement fournie par des puits creusés à plus de 90 mètres sous la roche.*

Justice sévère
Pour les crimes sauvages, c'était la mort assurée ; pour les crimes mineurs, c'était le pilori.

L'AMOUR COURTOIS

Le mariage était le moyen indispensable pour les familles nobles de construire des alliances. Faire la cour était un acte sérieux, effectué sous la bienveillance de chaperons ou de marieuses. Poètes, peintres et troubadours faisaient tout pour que la romance entraîne deux jeunes à s'aimer… dans un but politique ! Une fois mariées, les femmes perdaient la plupart de leurs droits. Les jeunes gens pauvres, eux, n'avaient rien à perdre et étaient bien plus libres pour épouser l'élue de leur cœur…

Les habitants
du château

Seul un petit groupe de personnes vivait au château toute l'année, comme le portier et quelques soldats. Un connétable veillait sur eux, et ce soldat chef pouvait habiter ailleurs qu'au château. Le régisseur avait un bureau, mais ses affaires l'obligeaient à s'éloigner souvent du domaine. Lorsque le seigneur était présent, le château fourmillait de serviteurs. La plupart d'entre eux l'accompagnaient, avec sa famille, dans ses déplacements. Plus de deux ou trois cents personnes devaient alors trouver à se loger dans le château, ou dans les villages avoisinants.

Les différents rangs

Ces illustrations montrent quelques personnes officielles, des serviteurs et des hommes en armes qui veillaient sur le châtelain et sa famille. Ils étaient souvent appelés « maisonnée du seigneur ».

Famille noble *La famille et les enfants étaient au centre de la vie d'un noble. Les garçons héritaient des terres, et les filles étaient souvent destinées à se marier avec un garçon d'une importante famille alliée.*

Valet de ferme *Cet homme effectuait les plus basses besognes au château. Il vidangeait les fosses à purin et les latrines.*

Le régisseur *Il administrait le domaine et veillait à ce que tout se passe bien parmi les serviteurs.*

Le cuisinier *C'était, en général, un homme qui occupait cette fonction. Il dirigeait une vingtaine de personnes dans les cuisines.*

Dame d'honneur *C'était une compagne précieuse pour la châtelaine. Elle veillait sur ses vêtements, l'habillait, la coiffait.*

Le prêtre *Dans tous les châteaux, et pour toute la maisonnée, un prêtre ou un chapelain donnait chaque jour la messe.*

Le connétable *veillait à la défense du château. En général, il occupait quelques pièces dans le corps de garde afin de contrôler toutes les allées et venues.*

Les prisonniers *Le donjon servait à enfermer les criminels de droit commun, mais aussi des personnes influentes, comme des rois, qui servaient de rançon. Ceux-ci étaient en général bien traités.*

Les soldats *Parmi les membres du château, on comptait entre 10 et 20 soldats chevronnés. Certains demeuraient toute l'année au château, d'autres accompagnaient le seigneur dans ses voyages.*

Les archers *La plupart des châteaux abritaient des archers expérimentés. Mais, en temps de guerre, on appelait en renfort de nombreux tireurs à l'arc qui vivaient aux alentours.*

Le barbier *coupait bien sûr les cheveux de toute la maisonnée, mais il faisait aussi office de médecin. Il possédait, en effet, quelques connaissances en médecine et en chirurgie.*

Le maître de meutes *s'occupait de tous les chiens de chasse du château.*

L'armurier *savait habilement travailler le métal. Mais, pour les gros travaux de ferronnerie, le châtelain faisait appel à des forgerons.*

Le palefrenier *Une maisonnée possédait au moins 10 palefreniers. Ces hommes nourrissaient et s'occupaient des chevaux.*

Les terres
du château

De nos jours, de nombreux châteaux se dressent au milieu des villes ou sont en ruine au sommet de collines. Mais au Moyen Âge, ils constituaient le centre d'un vaste domaine englobant des fermes, qui les approvisionnaient en blé et en fruits, et des villages dans lesquels vivaient les paysans qui étaient les serfs du châtelain. La plupart d'entre eux travaillaient la terre, et leurs tâches variaient selon les saisons : ils coupaient le bois, labouraient les champs, construisaient des granges et des écuries ou servaient dans l'armée. L'opulence du seigneur provenait des loyers versés par ces paysans ainsi que de la vente de leur production.

Le travail de l'été
En 1420, un duc français commanda 12 peintures pour illustrer les changements de la nature au cours de l'année. Le tableau « Juillet » montre la tonte des moutons et la récolte du foin à l'ombre d'un château.

Le cycle des saisons

L'agriculture obéissait au système des « trois-champs ». Chaque année, deux champs étaient semés et moissonnés et le troisième restait en jachère. Ainsi, la terre était au repos pour mieux produire l'année suivante.

L'hiver *C'était la saison pour creuser des fossés, couper du bois, répandre de l'engrais dans les champs, fabriquer et réparer des outils, monter des clôtures et aussi semer le grain pour le printemps à venir.*

Champ n° 1 On répandait l'engrais.

Champ n° 2 On semait le grain.

Champ n° 3 Laissé en jachère (utilisé pour les sports de plein air).

Le printemps *C'était le moment de labourer et de semer en prévision de la récolte de l'automne. C'était aussi à cette saison-là que l'on prenait soin des agneaux nouveau-nés.*

Sous bonne garde ! Les bergers gardaient les troupeaux de moutons pour les protéger des renards et des voleurs.

Piquet de danse C'est à cet endroit que l'on fêtait la venue du printemps.

Champ n° 1 Champ labouré et ensemencé pour la récolte d'automne.

Champ n° 2 Culture de blé

Champ n° 3 Champ en jachère, labouré pour enfouir les mauvaises herbes. Celles-ci servaient alors d'engrais.

LOURDES TAXES

Le paysan devait remettre un quart de sa récolte au châtelain, en donner un dixième à l'Église (la dîme) et en garder un quart pour la semence de la récolte de l'année suivante. Il ne lui restait presque rien pour se nourrir…

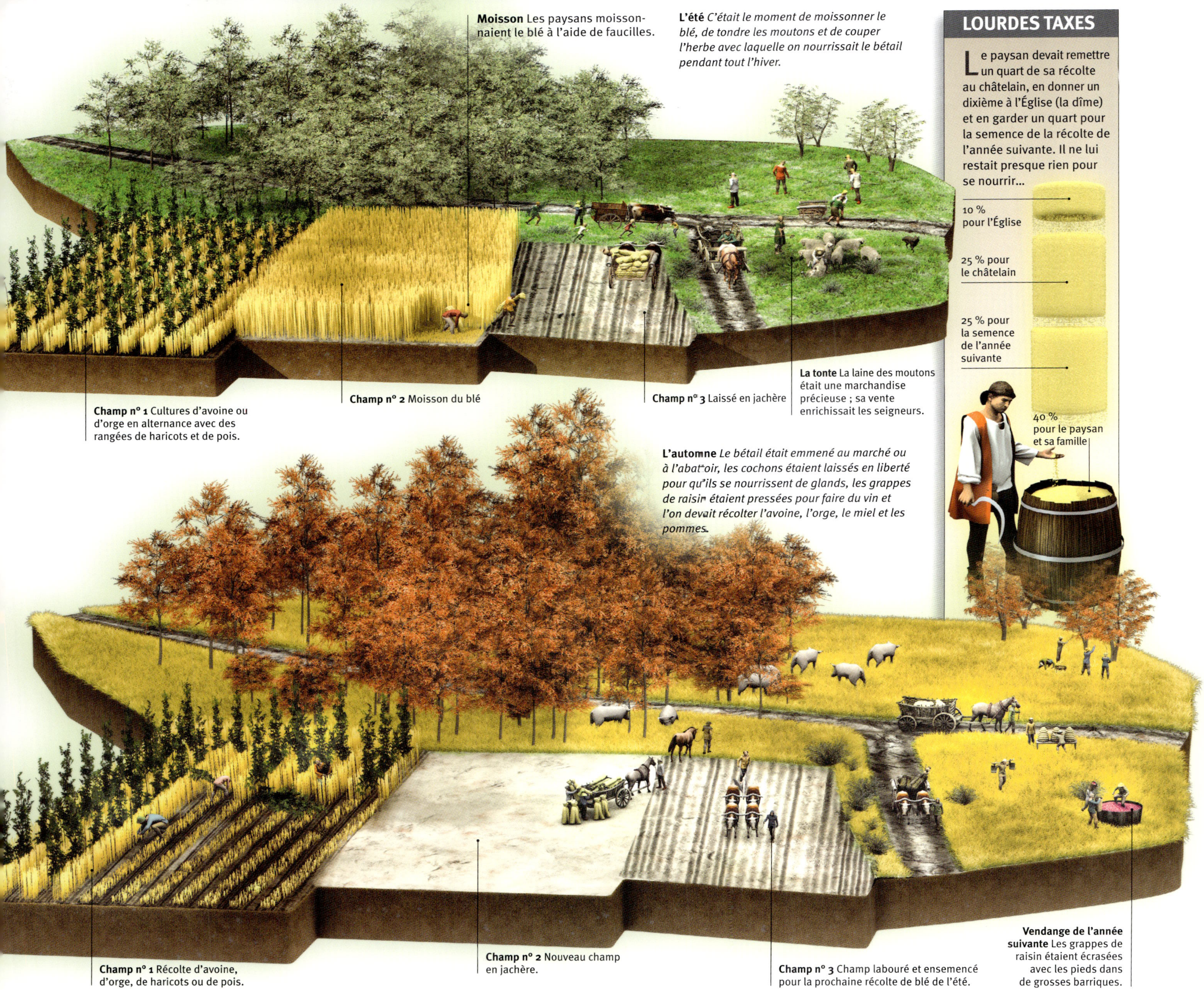

Les loisirs
au château

Bien qu'il y ait toujours du travail à effectuer au château, il restait du temps pour profiter des loisirs. Si le dimanche était le jour du repos, il y avait aussi de nombreux jours fériés et des festivités locales pour se détendre. Les femmes nobles s'adonnaient à la broderie, à la tapisserie ou écoutaient de la musique ; les hommes chassaient ou jouaient aux échecs. Les jardins suscitaient l'admiration pour leurs fleurs et leurs plantes. On jouait aussi à une sorte de football, impliquant des douzaines voire des centaines de joueurs, et sans aucune règle précise !

À lire en entier
Au début du Moyen Âge, seuls les prêtres et les clercs apprenaient à lire, mais, vers le XVe siècle, l'alphabétisation se développa un peu. Cette illustration montre un livre de prières du XVe siècle, dessiné à la main. L'invention de l'imprimerie (vers 1440) permit de diffuser un plus grand nombre de livres.

Partie d'échecs au jardin

Les jeux de dames ou d'échecs étaient extrêmement populaires au Moyen Âge. Pour preuve, certaines pièces s'appellent « rois », « fous » et « cavaliers » !

Chasseurs aériens *Les faucons ou autres rapaces tuaient leur proie en vol à l'aide de leurs puissantes serres. Ils étaient entraînés à ne manger que la tête et le cou et à laisser le reste du corps des oiseaux pour leurs maîtres.*

Le « sport des rois »

Accompagnés de chiens, les nobles aimaient chasser le cerf et les sangliers. La fauconnerie était considérée comme le « sport des rois », car c'était un passe-temps très coûteux.

Chassés *Pigeons, canards, faisans et hérons représentaient tous des cibles potentielles. D'un violent coup de griffes, les faucons ou les aigles pouvaient aussi tuer les lapins et les lièvres...*

Oiseaux favoris *Dans certains pays, seuls les rois, les princes et les ducs pouvaient posséder des faucons. Les chevaliers et les bourgeois, en revanche, se contentaient de chasser avec des aigles et des crécerelles.*

Gant solide *Le fauconnier portait des gants de cuir pour se protéger des serres coupantes des oiseaux de proie.*

COMBAT DE COQS

Le divertissement le plus populaire des classes inférieures consistait à parier sur des combats d'animaux. Aussi les combats entre jeunes coqs, entre chiens, ou entre chiens et ours étaient-ils très appréciés.

Élevés pour combattre *Les jeunes coqs combattants étaient spécialement bien nourris pour être vigoureux et forts.*

Ergot tranchant *On attachait souvent de petites lames aux pattes des coqs. Ainsi, le public était assuré que le combat s'achèverait par la mort d'un des deux combattants à plumes...*

Fêtes et banquets

Un seigneur qui offrait à manger à ses invités, à ses serviteurs et aux voyageurs était un vrai noble. Plus le banquet était somptueux, plus il en retirait d'honneurs. Les plus grandes fêtes comprenaient des centaines d'invités avec de multiples plats, composés de viande, de pain et de douceurs. Certains banquets étaient réservés à des invités particuliers ; d'autres étaient donnés régulièrement pour les serfs et les gens du pays. Les soirs où le seigneur était présent au château, la maisonnée et les visiteurs pouvaient également espérer y dîner. En fonctionnant ainsi, le châtelain s'assurait de la loyauté des domestiques.

Le bouffon *Pour divertir le seigneur et ses hôtes, ce personnage jouait de la musique, dansait, posait des devinettes, chantait et racontait des histoires.*

Chacun sa place

On ne s'asseyait pas n'importe où dans la grande salle. Le seigneur partageait la grande table dressée loin des cuisines avec les nobles. Les autres convives s'asseyaient sur les bancs d'une table à tréteaux, aux côtés des plus pauvres.

Au pain dur !
Les invités mangeaient sur une épaisse tranche de pain rassis, appelée tranchoir.

EN MUSIQUE !

Les cérémonies s'effectuaient presque toutes en musique et donnaient aux banquets une ambiance festive. Musique dansante ou marches étaient jouées avec des trompettes, violons ou clarinettes. Certains convives s'isolaient dans des alcôves pour écouter des romances jouées à la flûte ou au luth.

Les musiciens *Le bouffon était accompagné par des trompettistes, postés dans la galerie, ou des joueurs de luth et de harpe dans la grande salle.*

Mets exotiques *Ce plat original – un dauphin – était d'abord présenté au seigneur pour inspection, avant d'être servi aux convives. Proposer un tel mets exotique était excellent pour le prestige du châtelain !*

Châteaux en déclin

Les premiers canons n'étaient pas très performants et servaient autant à la défense qu'à l'attaque. De fait, jusqu'au XVIIe siècle, un grand nombre de châteaux étaient encore très difficiles à prendre au seul moyen de l'artillerie. Pour faire face à des canons de plus en plus perfectionnés, il fallut édifier des châteaux encore plus résistants, mais leur construction coûtait si cher que même les nobles opulents ne pouvaient s'offrir ce luxe. Au fil du temps, l'Europe devint plus stable et on éprouva moins le besoin de s'abriter derrière d'épaisses murailles. De nombreux châteaux tombèrent ainsi en ruine et leurs pierres furent récupérées pour construire d'autres bâtiments.

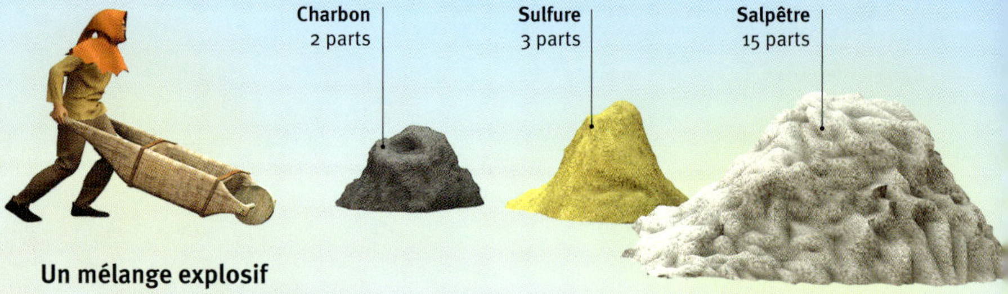

Un mélange explosif

La poudre de canon est un mélange de salpêtre (un minéral provenant d'engrais et d'urine), de charbon (provenant en partie de cendres de bois) et de sulfure (un minéral exploité). Cette poudre avait été inventée en Chine au VIe siècle apr. J.-C. Les Européens surent la fabriquer au XIIIe siècle, grâce aux enseignements des marchands et des commerçants qui avaient suivi la route de la soie.

Attention à l'effondrement !

Au début, les canons étaient plus efficaces quand ils tiraient à bout portant. Les artilleurs représentaient donc des cibles faciles et se faisaient souvent tuer. Les risques qu'ils couraient étant importants, ces soldats étaient très bien payés.

CANONS EN ACTION

Les premiers canons étaient faits de tubes de fer reliés les uns aux autres. En brûlant, la poudre de canon libérait doucement toute son énergie. Cependant les canons des premiers fusils explosaient souvent au moment où on tirait. Le roi d'Écosse, James II, fut tué de cette façon lors du siège d'un château anglais, en 1460.

Boulets de canon On préférait les boulets de pierre aux boulets d'acier, car ils risquaient moins de faire exploser les canons.

Feu ! La charge s'enflammait tout au long de la culasse.

Cette illustration montre un canon typique du XVIe siècle. Ce modèle d'arme a été utilisé sur terre, comme sur mer.

Le château de Deal
Le château de Deal n'est pas un château, mais un fort militaire construit sur les ordres du roi Henri VIII pour protéger la côte sud de l'Angleterre. Cette photo montre comment les architectes avaient su contourner le problème de l'artillerie. Ses six plates-formes basses et arrondies offraient peu de prise aux assaillants.

Vivre comme un seigneur
Les châteaux du Moyen Âge n'étaient pas très confortables. Aussi, lorsqu'ils ne servirent plus à se défendre, les riches seigneurs s'empressèrent de se faire construire de grandes demeures luxueuses.

1500

Carte de localisation Cette carte de l'Europe montre où se situe le château décrit. Au fil des pages, et sur chaque carte, les ronds rouges indiquent la localisation des autres châteaux.

LE MONT-SAINT-MICHEL : MÉMO

DATE DE CONSTRUCTION : abbaye en 708 ; principales fortifications, en 1420

LIEU : Normandie, France

QUI L'A CONSTRUIT : l'ordre des Bénédictins

MATÉRIAUX : granit

SUPERFICIE : 4 hectares.

Infos express Ces notes fournissent des informations essentielles sur chaque château exploré.

1400

1300

1200

1100

Cette chronologie indique à quelle date le château a été construit. Ces repères couvrent les périodes allant de 1000 à 1500 apr. J.-C.

1000

Zoom sur

Devenir
chevalier

Quand un garçon désigné pour devenir chevalier atteignait l'âge de sept ans, il quittait sa famille et était placé comme page dans le château d'un seigneur. Vers quatorze ans, le garçon entrait au service d'un chevalier et devenait écuyer. Puis, pendant cinq à dix ans, il suivait un entraînement poussé pour être prêt à exercer ses fonctions. Cette éducation, coûteuse, était reservée aux garçons des familles nobles.

1 **L'école** *Le chapelain du château était chargé de fournir une éducation de base au jeune page : un peu d'histoire, de géographie, de catéchisme, de la lecture et de l'écriture. L'apprenti chevalier en savait alors assez pour pouvoir signer de son nom et lire les comptes.*

2 **Les bonnes manières** *Le page les apprenait aussi en servant le seigneur à table. Il pouvait être battu s'il ne se comportait pas correctement.*

3 **Maître et serviteur**
L'écuyer aidait son maître à s'habiller, l'assistait pendant les combats et portait son bouclier, que l'on appelait aussi « écu ».

Le grand jour
Cette illustration du XVe siècle montre deux écuyers adoubés par leur roi. Des courtisans sont venus assister à cette importante cérémonie : l'adoubement.

4 **Apprendre à combattre** *L'armure et les armes étaient si lourdes qu'apprendre à combattre exigeait un réel entraînement physique. Aussi, les écuyers engageaient-ils de fausses batailles en utilisant des épées et*

Apprendre à jouter *Combattre à cheval était un art difficile à maîtriser. Les écuyers s'entraînaient à faire des joutes à l'aide d'un mannequin de paille, appelé quintaine. Après avoir frappé le bouclier de cette curieuse machine, ils devaient éviter d'être désarçonnés par un coup de masse que le mannequin donnait en pivotant.*

Dès son plus jeune âge, l'écuyer était soumis à un rude apprentissage pour vivre en respectant le code de la chevalerie. Il devait devenir courageux et honorable au combat, loyal envers son seigneur et Dieu, bienveillant envers les faibles, courtois avec les femmes.

6

L'adoubement *Lorsqu'un écuyer avait acquis toutes les compétences nécessaires, il était « fait » chevalier lors de la cérémonie de l'adoubement. Après avoir jeûné et prié toute la nuit, l'écuyer s'agenouillait devant son seigneur, et recevait un coup du plat de l'épée sur l'épaule, puis était proclamé chevalier. Il arrivait qu'un écuyer soit adoubé sur le champ de bataille.*

L'armure

et les armes

Lors des combats, le chevalier portait toujours une lourde armure faite de plaques d'acier. Les premières armures, ou cottes de mailles, étaient constituées d'anneaux métalliques entrelacés. Elles avaient l'avantage d'être souples mais elles pouvaient être transpercées par des flèches. À partir du XIIIe siècle, les plaques d'acier étaient ajustées entre elles au moyen de lanières et de rivets, ce qui assurait une excellente protection. À la fin du XVe siècle, l'armure couvrait tout le corps. Cette armure, dite *de plates*, parfois décorée, équivalait à dix ans de salaire d'un chevalier ! Les armes courantes étaient la lance, l'épée et la hache. Parfois, des lames posées sur de longues hampes portaient des crochets qui se glissaient dans les lanières de l'armure d'un ennemi.

Prêt pour la bataille

Le chevalier enfilait une armure de plates complète. Dessous, il portait un pourpoint, une veste de cuir épais et une courte cotte de mailles. Les plaques de l'armure étaient ajustées sur le pourpoint pour ne pas blesser le chevalier.

LA COTTE DE MAILLES

Fabriquer une cotte de mailles n'était pas une mince affaire, car il fallait entrelacer pas moins de 30 000 anneaux !

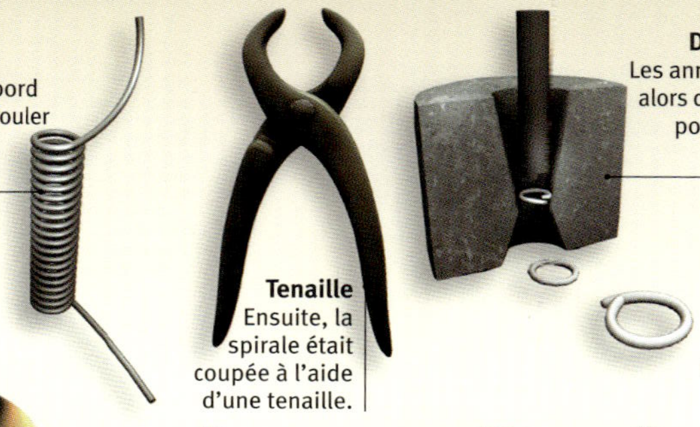

Spirale Il fallait d'abord tordre et enrouler un gros fil métallique.

Tenaille Ensuite, la spirale était coupée à l'aide d'une tenaille.

Dans le moule ! Les anneaux passaient alors dans une matrice pour façonner une petite boucle.

Bouclé ! Ces boucles étaient alors aplaties, perforées et refermées avec un minuscule rivet.

Des anneaux de sûreté Les anneaux d'une cotte de mailles pouvaient être reliés de différentes façons, mais, dans l'Europe médiévale, le modèle « 1-pour-4 » (chaque anneau est relié à quatre autres) était le plus courant.

L'épée
C'était l'arme préférée des chevaliers dans les combats, mais elle représentait aussi un objet de prix et un symbole de bon statut social ! Le chevalier la portait à son ceinturon même lorsqu'il n'était pas en armure. L'épée ci-contre est une épée à deux mains.

Armure du XIIe siècle
Les chevaliers du XIIe siècle portaient une longue cotte de mailles qui descendait jusqu'aux genoux. En général, ils portaient aussi un vêtement souple (appelé le « surcot ») sur l'armure.

Armure du XIVe siècle
À cette époque, les chevaliers revêtaient une armure de plates qui recouvrait presque tout le corps. Chaque partie du corps exposée, comme le cou et l'arrière des jambes, était aussi protégée par de petites cottes de mailles.

La monture
du chevalier

Au Moyen Âge, un chevalier à cheval était de loin le soldat le plus puissant et le plus redouté. Son cheval de guerre, ou destrier, devait être brave et alerte. Pendant les combats, le chevalier était plus efficace lors de la charge, mais, alourdi par son armure, il demeurait cependant très vulnérable s'il venait à être désarçonné ou si ses ennemis se glissaient sous son cheval pour l'attaquer. Pour éviter cela, les chevaux étaient entraînés à piétiner et à tourner sans cesse lorsqu'ils étaient encerclés par des fantassins. Outre l'armure et l'épée, le destrier était le bien le plus important du chevalier. Un bon cheval de guerre pouvait coûter vingt fois plus qu'un cheval ordinaire !

En selle pour guerroyer !

Quand il voyageait, le chevalier emmenait ses destriers, un cheval de somme pour porter son armure, et un palefroi ou cheval de parade qu'il montait. Son page conduisait les chevaux de bataille.

FERS À CHEVAL, ÉTRIERS ET ÉPERONS

Posséder plusieurs chevaux ne suffisait pas au chevalier ; chacun d'entre eux devait aussi avoir un bon équipement. Si les bourreliers confectionnaient des selles, des sangles et des rênes, les forgerons s'occupaient de tout ce qui était en fer ou en métal.

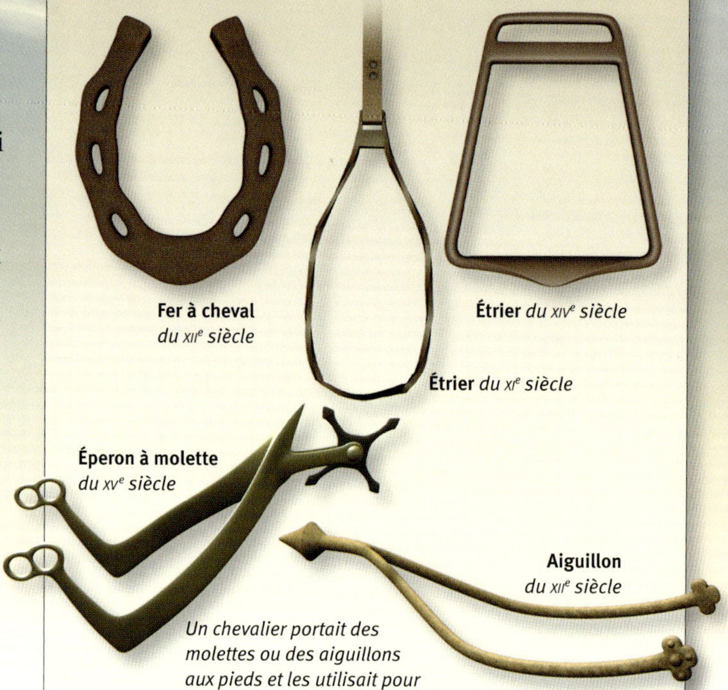

Un chevalier portait des molettes ou des aiguillons aux pieds et les utilisait pour signifier à son cheval d'avancer plus vite.

L'arrivée de la cavalerie

Dès qu'il pénétrait sur un territoire ennemi, le chevalier devait s'attendre à combattre, mais, ici, son équipement et ses armes sont encore portés par le page. Au XVe siècle, les armures pour les chevaux devinrent très courantes.

Le chanfrein *C'était la pièce la plus importante de l'armure du cheval, car elle lui protégeait la tête.*

La barde de crinière *était constituée de plaques de métal articulées.*

Le flançois *Placée sous la selle, cette armure protégeait les flancs du cheval.*

La picière *Le poitrail du cheval était à l'abri grâce à cette armure.*

La croupière *Elle protégeait la croupe du cheval.*

En toute sécurité *L'arçon d'une selle était formé de deux parties : le* pommeau *pour l'avant et le* troussequin *pour l'arrière. Cette armature assurait une plus grande sécurité au chevalier.*

Ceinture ! *La sous-ventrière était une large sangle qui ceinturait les flancs du cheval.*

Selle de guerre

Elle devait être particulièrement bien attachée afin qu'elle ne bouge pas sous le poids de l'armure complète du chevalier.

Un entraînement à la guerre :

les joutes

Les chevaliers s'entraînaient à combattre à pied ou à cheval en vue d'une guerre éventuelle. À partir du XIIe siècle, cet entraînement devint si populaire que des chevaliers se déplacèrent de très loin pour admirer le plus habile au combat. Le spectacle qui retenait toute l'attention était la joute, où deux chevaliers, armés d'une lance, s'affrontaient en essayant de faire tomber l'autre. Les chevaliers pouvaient être tués lors de ces affrontements, mais ils étaient considérés comme de valeureux combattants. Pour les chevaliers peu fortunés ou issus de familles modestes, les joutes représentaient un bon moyen de devenir célèbres.

L'HÉRALDIQUE

L'héraldique est une discipline qui étudie les armoiries du Moyen Âge. Les chevaliers se ressemblaient tant avec leurs armures que l'on imagina de peindre différentes figures sur leurs boucliers pour les distinguer lors des combats.

Charges héraldiques

Les modèles et figures héraldiques sont appelés *charges*. Voici, ci-dessous, huit charges, mais on en compte des centaines d'autres !

Chef — Or et azur — Bande — Chevronné

Croix — Vague — Lion rampant — Cygne passant

Lorsque deux familles importantes s'unissaient par le mariage, elles partageaient leur écusson avec leurs deux armoiries. Cette pratique s'appelait l'écartelure.

Armoiries de l'époux

Armoiries de l'épouse

Chevalier à terre

Voici deux chevaliers en joute devant une tribune de spectateurs. Ils combattent chacun d'un côté d'une barrière pour empêcher que leurs chevaux se heurtent. Le chevalier en rouge a marqué des points car il a brisé sa lance contre son adversaire et l'a désarçonné.

Hache d'armes

Cette illustration du XVe siècle montre deux chevaliers s'affrontant avec des haches d'armes émoussées, devant une tribune de nobles. Les deux hommes sur les côtés sont des « maréchaux de camp », des juges qui veillaient au respect des règles par les deux chevaliers.

La Tour de Londres, en Angleterre : un refuge royal

En 1066, les Normands conquirent l'Angleterre. Le roi normand, Guillaume le Conquérant, choisit Londres comme capitale. Et, pour contrôler la ville, il décida de construire une grande tour à l'angle des vieux murs romains, appelée Tour blanche. Trois siècles plus tard, on édifia autour de cette tour un énorme château, appelé la Tour de Londres, protégé par des murailles et des douves. À l'origine, ce château abritait le pouvoir royal et constituait un refuge pour le souverain et sa famille en cas de conflit. Plus tard, il servit de prison pour les ennemis de l'État, d'entrepôt d'armes et même de chambre du trésor royal.

Un château capital

Cette vue en perspective de la Tour de Londres date environ du XVIIe siècle. À cette époque, cet immense château comprenait les appartements royaux, une église, un cimetière, l'hôtel des Monnaies, un entrepôt de poudre à canon, des réserves de provisions et des ateliers où l'on fabriquait les canons.

Perdre sa tête…
La décapitation était en principe réservée aux nobles soupçonnés de trahison. Ces exécutions avaient lieu à Tour Hill, en dehors des murailles du château. Les sujets princiers avaient le « privilège » d'être exécutés en privé dans les souterrains du château.

LA TOUR ACTUELLE

La Tour de Londres est toujours une forteresse royale, avec une garnison et un arsenal. Des milliers de personnes la visitent chaque jour, venant admirer l'un des endroits historiques d'Angleterre.

Les trésors de la Tour Les bijoux de la Couronne et autres joyaux, comme l'armurerie royale, sont conservés dans la Tour dans un coffre-fort fabriqué tout spécialement.

Hallebardiers Une garnison de gardes de la Tour de Londres, appelés hallebardiers, gardent la Tour et guident les visiteurs. Ce sont tous des vétérans de l'armée.

1500
1400
1300
1200
1100 CONSTRUCTION DE LA TOUR BLANCHE
1000

LA TOUR DE LONDRES : MÉMO

DATE DE CONSTRUCTION : vers 1100

LIEU : Londres, Angleterre

QUI L'A CONSTRUIT : Guillaume le Conquérant

MATÉRIAUX : pierre calcaire

SUPERFICIE : Tour blanche : 33 m x 36 m ; le complexe de la Tour de Londres : 7,3 hectares

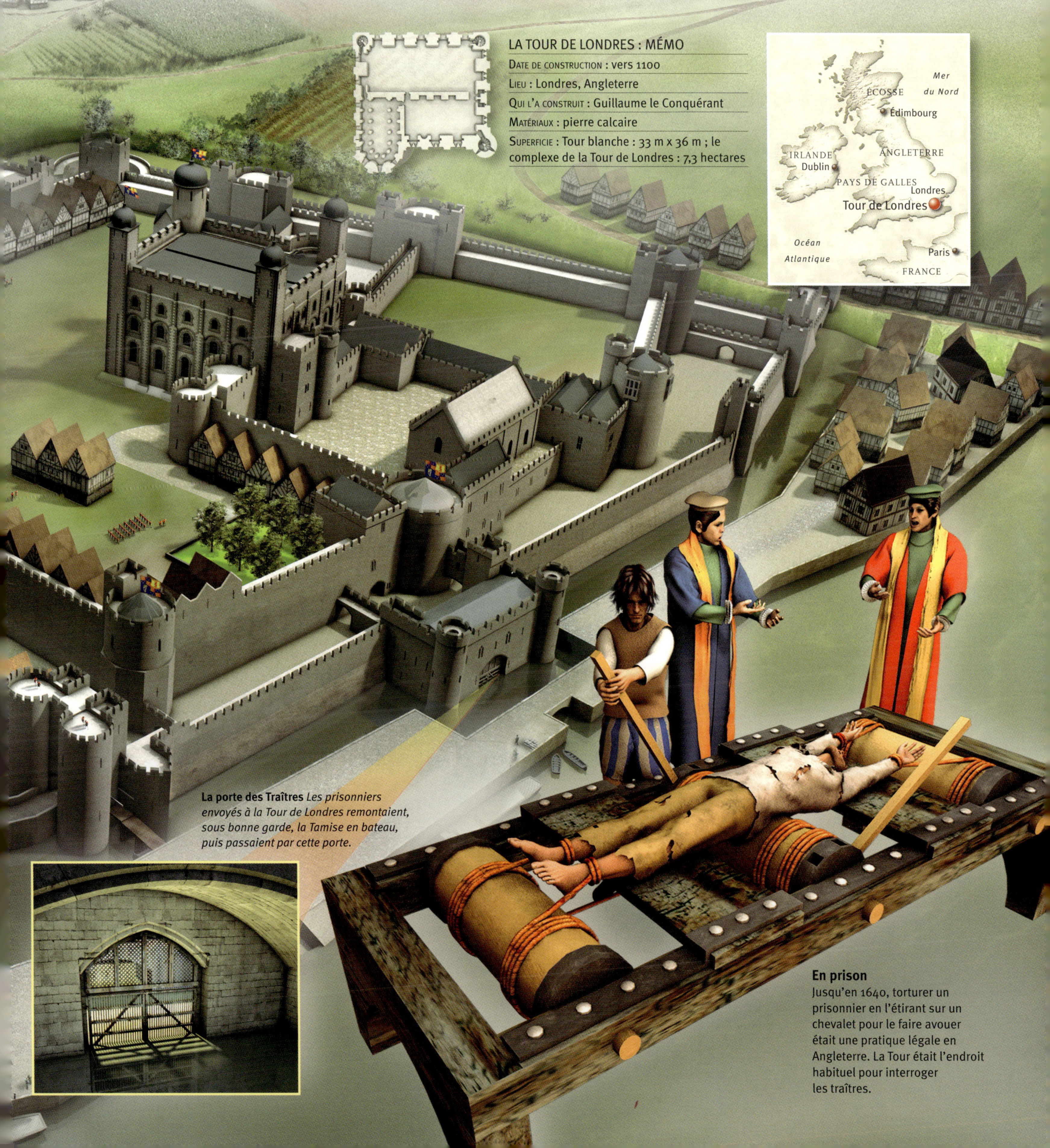

La porte des Traîtres *Les prisonniers envoyés à la Tour de Londres remontaient, sous bonne garde, la Tamise en bateau, puis passaient par cette porte.*

En prison
Jusqu'en 1640, torturer un prisonnier en l'étirant sur un chevalet pour le faire avouer était une pratique légale en Angleterre. La Tour était l'endroit habituel pour interroger les traîtres.

1500
1400
1300
1250
RECONSTRUCTION PAR LES CROISÉS
1150
1100
CONSTRUCTION DE LA FORTERESSE
1031
1000

Le Krak des Chevaliers, en Syrie :
la forteresse

Le Krak des Chevaliers, ou « la forteresse », est, pour de nombreuses personnes, le plus beau château au monde. Situé dans un col de montagnes, il s'étend sur les contreforts des territoires des croisés. Petite forteresse arabe à l'origine, ce château fut pris par les chevaliers Hospitaliers en 1142 et considérablement agrandi. Il était si impressionnant que même le chef musulman Saladin, qui prit Jérusalem aux croisés, renonça à l'attaquer. En 1271, alors que la plupart des territoires des croisés étaient tombés aux mains de l'ennemi, les chevaliers reçurent une lettre provenant apparemment de leur commandant, basé à Tripoli, leur ordonnant de se rendre. Mais la missive n'était qu'une supercherie et l'imprenable château fut repris sans résistance...

LE KRAK DES CHEVALIERS : MÉMO

Date de construction : 1031 (forteresse d'origine), 1150-1250 (reconstruction par les croisés)
Lieu : près de Homs, Syrie
Qui l'a construit : l'émir d'Alep (forteresse d'origine), les Hospitaliers (reconstruction par les croisés)
Matériaux : basalte et pierre calcaire
Superficie : 200 m x 140 m ; 3 hectares

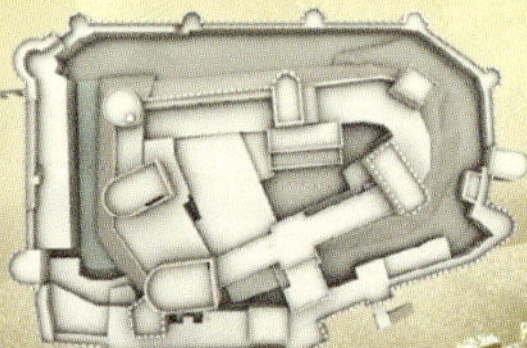

Aqueduc *Un aqueduc servait à transporter l'eau d'une source vers d'énormes réservoirs, situés entre les murs extérieurs et intérieurs du château.*

Les chevaliers Hospitaliers
Ces hommes appartenaient à un ordre de chevaliers religieux qui avaient juré de défendre et de prendre soin des pèlerins qui se rendaient en Terre sainte.

Vue d'en haut

L'arrière du château, qui possédait une élégante chapelle, était réservé aux cérémonies et aux affaires officielles. En bas se trouvaient les pièces réservées aux chevaliers et aux visiteurs, et celles destinées aux provisions et aux écuries.

Moulin à vent *Il fut construit pour moudre le blé, et obtenir de la bonne farine indispensable à la garnison lors des longs sièges.*

L'entrée *Il n'y avait qu'un seul endroit pour pénétrer dans le cœur du château. Il fallait, en effet, cheminer par un étroit et sinueux passage, pourvu à chaque coin, d'archères et de meurtrières.*

Incassable ! *Le mur de la basse cour, qui était la cible des catapultes ennemies, avait une hauteur de 30 m et une épaisseur de 25 m.*

LE CHÂTEAU-REFUGE

Bien que la garnison habituelle ne dépassât pas quelques douzaines de chevaliers, le Krak fut conçu pour accueillir deux mille soldats et réfugiés, voire plus. Pour répondre à la demande, on édifia d'immenses entrepôts pour les provisions, des réservoirs d'eau et des écuries pour cinq cents chevaux !

1500

1400

1300

CONSTRUCTION DU CASTEL DEL MONTE

1240

1200

1100

1000

Castel del Monte, en Italie :
l'énigme

Sur le haut d'une colline du sud de l'Italie s'élève l'un des plus mystérieux châteaux au monde. Il fut construit vers 1240 par Frédéric II qui régna sur le Saint Empire romain germanique et fut l'un des hommes les plus puissants et les plus érudits de son temps. Il parlait sept langues et était féru de philosophie occidentale et orientale, de culture grecque et latine et passionné de sciences. La conception de Castel del Monte répond d'ailleurs à des principes harmonieux de géométrie et de mathématique : un octogone flanqué de huit tours elles aussi octogonales. De nombreux autres symboles émaillant le château relèveraient d'un code secret, mais on ne retrouva aucun document pour révéler leur signification. Le château semble toujours nous mettre au défi de percer un jour ses mystères…

UN EXERCICE GÉOMÉTRIQUE

À l'époque de Frédéric II, la redécouverte de la philosophie arabe et grecque eut une grande influence sur l'architecture, les mathématiques et la musique. Les nombres et la géométrie étaient étudiés pour méditer sur la réalité et sur les mondes célestes. Aussi un édifice était-il particulièrement apprécié si sa structure reposait sur certains nombres et formes.

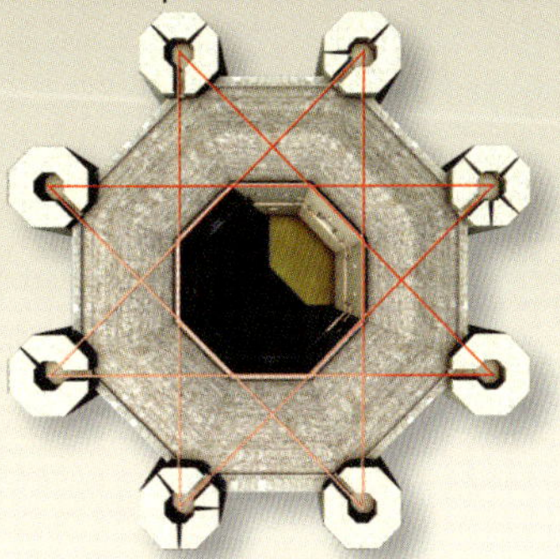

Octogone

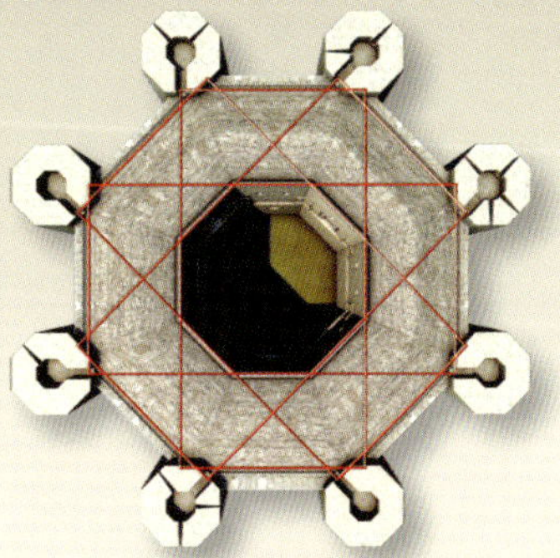

Quatre rectangles d'or

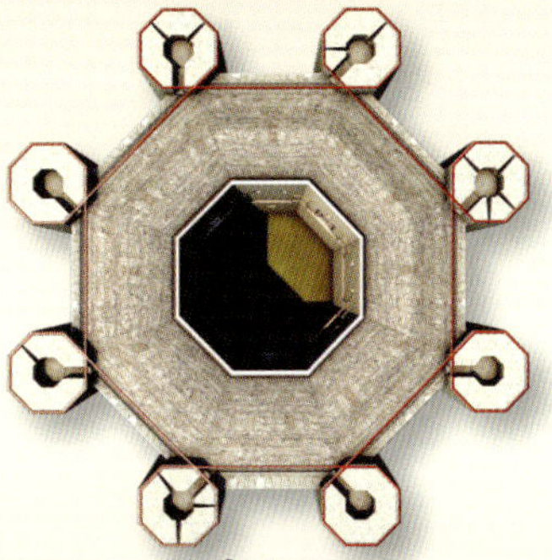

Neuf octogones

Huit intersections de carrés

LE CASTEL DEL MONTE : MÉMO

DATE DE CONSTRUCTION : vers 1240

LIEU : les Pouilles, en Italie

QUI L'A CONSTRUIT : Frédéric II

MATÉRIAUX : marbre et pierre calcaire

TAILLE : 55 m de large

En parfaite harmonie

Les plans du château étaient conçus autour d'un octogone. Cette forme représente un point central entre le carré (la Terre) et le cercle (la sphère céleste). Utilisant toutes les mesures romaines, tous les éléments des plans sont des multiples de douze, nombre longtemps considéré comme porte-bonheur.

La porte pentagonale
L'encadrement de la porte a été conçu d'après les proportions et les angles d'un pentagone. Cette étoile à cinq branches représente un symbole important depuis l'ancienne Égypte.

Très utile !
Castel del Monte fut très utilisé. Frédéric II s'en fit un pavillon de chasse et il servit plus tard de prison.

Frédéric II
S'il régna sur le Saint Empire romain germanique, il fut aussi roi de Sicile et d'Italie du Sud.

1500 — 1400 — 1300 — 1271 CONSTRUCTION ACHEVÉE — 1200 — 1100 — 1000

Caerphilly, au pays de Galles :

le barrage

Le pays de Galles est souvent appelé « le pays des châteaux ». Et en effet, des siècles de luttes pour conquérir ce petit bout d'Angleterre ont laissé en héritage des centaines de châteaux forts, dont certains sont considérés comme de véritables chefs-d'œuvre d'architecture. En 1266, Gilbert de Clare, l'un des nobles les plus importants d'Angleterre, s'empara du domaine de Llewelyn II. Puis il commença à construire un nouveau château à Caerphilly pour contrôler ses terres. Llewelyn II tenta alors de reprendre son bien, mais il fut repoussé, et le château fut achevé peu après. Un peu plus tard, Caerphilly perdit sa renommée de forteresse, mais demeura un grand centre administratif.

À l'abri ! *Cette fortification était appelée « ouvrage à corne ». Ce mur avancé était destiné à abriter les habitants de la ville voisine lors d'un siège.*

LA CONQUÊTE DU PAYS DE GALLES

Peu de temps après que les Normands eurent conquis l'Angleterre, en 1066, ils s'attaquèrent au territoire des Gallois. Aussi, pour protéger ces terres, les seigneurs normands construisirent de nombreux châteaux (ci-dessous en violet), Caerphilly (en rouge sur la carte p. 55) étant le plus grand d'entre eux. Pour contrer cette offensive, le roi Édouard Ier d'Angleterre envahit par deux fois cette région, édifia ses propres châteaux et reconstruisit les châteaux gallois pour assurer sa défense (ci-dessous en jaune). Mais, vers 1300, tout le pays de Galles fut envahi et occupé par les Anglais normands.

Une île-forteresse

Gilbert de Clare participa au siège de six mois (de fin 1265 à 1266 !) du château de Kenilworthe, en Angleterre. Il fut impressionné par le pouvoir défensif de l'eau. Aussi, il décida de construire son propre château près d'une rivière afin d'en faire un barrage fortifié contre l'ennemi.

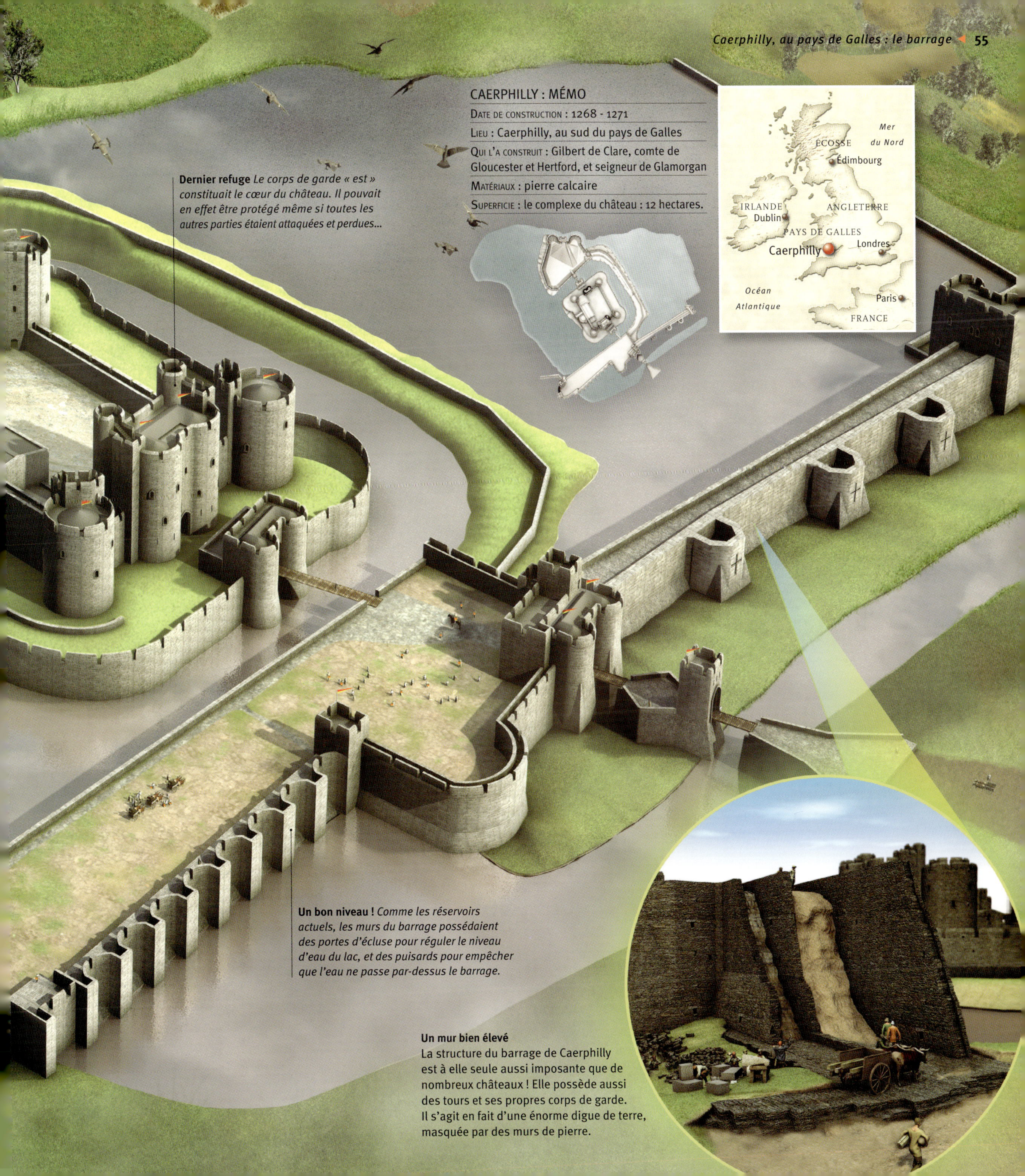

CAERPHILLY : MÉMO

DATE DE CONSTRUCTION : 1268 - 1271

LIEU : Caerphilly, au sud du pays de Galles

QUI L'A CONSTRUIT : Gilbert de Clare, comte de Gloucester et Hertford, et seigneur de Glamorgan

MATÉRIAUX : pierre calcaire

SUPERFICIE : le complexe du château : 12 hectares.

Dernier refuge *Le corps de garde « est » constituait le cœur du château. Il pouvait en effet être protégé même si toutes les autres parties étaient attaquées et perdues...*

Un bon niveau ! *Comme les réservoirs actuels, les murs du barrage possédaient des portes d'écluse pour réguler le niveau d'eau du lac, et des puisards pour empêcher que l'eau ne passe par-dessus le barrage.*

Un mur bien élevé
La structure du barrage de Caerphilly est à elle seule aussi imposante que de nombreux châteaux ! Elle possède aussi des tours et ses propres corps de garde. Il s'agit en fait d'une énorme digue de terre, masquée par des murs de pierre.

1500

1420 : CONSTRUCTION DES PRINCIPALES FORTIFICATIONS

Le Mont-Saint-Michel, en France : l'île fortifiée

Le Mont-Saint-Michel est une « île-rocher » située au large de la côte normande, dans le nord de la France. Depuis l'an 708, une abbaye trône au-dessus des flots. Même sans les fortifications, la présence de la mer assurait la sécurité du lieu, mais sa situation stratégique poussa les moines et les rois de France à fortifier l'île. Tout au long du Moyen Âge, l'abbaye prit de l'ampleur et de nouvelles constructions remplacèrent les vieilles pierres. En contrebas du rocher, des habitations se développèrent jusqu'à former une petite ville, protégée par de solides murailles ainsi que par la mer, qui, deux fois par jour, entoure l'île.

LE MONT-SAINT-MICHEL : MÉMO

DATE DE CONSTRUCTION : abbaye, en 708 ; principales fortifications, en 1420

LIEU : Normandie, en France

QUI L'A CONSTRUIT : l'ordre des Bénédictins

MATÉRIAUX : granit

SUPERFICIE : 4 hectares.

1300

CONSTRUCTION DU MONT-SAINT-MICHEL

À l'attaque !

Durant la guerre de Cent Ans (1337-1453), qui opposa la France à l'Angleterre, le Mont-Saint-Michel fut assiégé pendant plusieurs années par les Anglais. Heureusement pour les Français, le flux des marées constituait un bon rempart contre les attaques. Les fusils anglais tiraient de trop loin pour être dangereux...

1200

Un siège par la mer
À cette époque, les navires étaient petits et instables, mais une légère flotte anglaise était néanmoins capable de faire le blocus de l'île jusqu'à ce qu'elle soit repoussée par des bateaux français.

Un souffle à risques
Les canons de cette époque étaient faits de tubes de fer reliés les uns aux autres. Ils pouvaient donc exploser si le dosage de la poudre à canon était mal évalué.

Mission impossible ? *L'armée anglaise ne comptait que quelques centaines d'hommes. L'île était donc très difficile à prendre, d'autant que les attaques des Français provenaient de l'intérieur de l'abbaye.*

1100

1000

708 : FONDATION DE L'ABBAYE

C'est risqué !
Le Mont-Saint-Michel était un important lieu de pèlerinage, mais traverser sa baie à marée basse pouvait s'avérer terriblement dangereux. Cette illustration d'un manuscrit du XVe siècle montre une femme et son enfant surpris par la marée et sauvés de la noyade par la Vierge Marie.

Fort de Tombelaine
Les Anglais construisirent un petit château en bois sur une île, appelée Tombelaine, située près du Mont-Saint-Michel. Une centaine de soldats s'y installèrent pour assister à son siège.

L'église de l'abbaye *se dressait sur une plate-forme artificielle, sous laquelle se situaient les salles à manger, les dortoirs et les cuisines.*

Plus près de Dieu *Le village (existant encore en partie) était concentré sur des plates-formes façonnées sur un seul côté du rocher.*

Au feu ! *En 1433, l'artillerie anglaise parvint à enflammer quelques habitations. La réplique fut immédiate : une grande offensive se déclencha sur les assaillants qui rebroussèrent chemin, puis le siège cessa...*

Barricade *Les murs de défense n'étaient pas très hauts, mais, avec la proximité de la mer, ils constituaient un barrage bien suffisant.*

DRACULA : MYTHE ET RÉALITÉ

Vlad III fut trois fois prince de Valachie (Roumanie). Les Turcs, ses ennemis, tentèrent de lui prendre le pouvoir, et ses gentilshommes, eux, s'opposèrent à lui. Cruel, il adorait assister aux exécutions de ses sujets. Il fut donc surnommé Vlad Tepas Dracula (l'Empaleur, fils du Dragon). L'écrivain Bram Stoker choisit le même nom pour son roman, mais la personnalité du comte Dracula n'a rien à voir avec celle du vrai Vlad III !

Une soif d'horreur
Cette illustration allemande du XVIe siècle montre Vlad III déjeunant au milieu de victimes qu'il vient d'empaler.

Visage de monstre
Cette peinture est l'un des premiers portraits de Vlad III, peint quelques années après sa mort.

Un travail de forcené

Lorsque Vlad III arriva au pouvoir en 1456, il fit d'abord empaler presque toutes les familles nobles de sa principauté prétextant qu'elles avaient tué son père et son frère. Il épargna quelques nobles et les utilisa comme esclaves pour reconstruire Poenari. Ces hommes travaillèrent jusqu'à ce que mort s'ensuive.

Poenari, en Roumanie :

le château de Dracula

Le château de Poenari fut le premier château construit dans ce lieu vers 1220. Lorsque Vlad III devint prince de Valachie en 1456, il le fit reconstruire pour y vivre. Le château était une bâtisse étroite, à la cour ceinte de murs, avec juste quelques tours et une grande salle. Cet étrange château se situait en haut d'un pic rocailleux entouré de falaises. Bien qu'il ne soit aujourd'hui qu'un tas de ruines, il est encore possible de visiter ses chambres et la grande salle occupées par Vlad III. D'après la légende, sa première femme se jeta de la falaise pour ne pas être capturée par les Turcs, tandis que lui parvint à s'échapper par un tunnel secret...

POENARI : MÉMO

DATE DE CONSTRUCTION : 1220 (donjon central), reconstruit et agrandi vers 1459

LIEU : montagnes de Fagaras, en Roumanie

QUI L'A CONSTRUIT : Vlad III

MATÉRIAUX : pierre et brique

SUPERFICIE : 65 m x 12 m

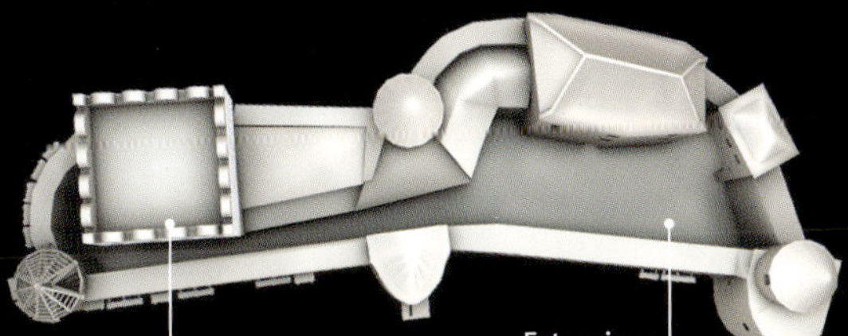

Pays et châteaux

Douvres

Angleterre

1 **Douvres, Kent**

Commencé juste avant la conquête des Normands, ce château reflète tous les styles des châteaux construits au fil des époques.

2 **Richmond, Yorkshire du Nord**

Une grande salle, construite vers 1080 et un imposant donjon (1170).

Stirling

Écosse

3 **Stirling, Stirling**

Un château médiéval, reconstruit vers 1500 et restauré pour retrouver son aspect d'origine.

4 **Bothwell, Lanarkshire**

Un imposant château avec un énorme donjon, construit au début du XIIIe siècle, reconstruit plus petit après la guerre d'Indépendance de l'Écosse.

Caernarvon

Pays de Galles

5 **Caernarvon, Caernarvonshire**

Le plus grand des châteaux d'Édouard Ier, qui fut édifié de façon à ressembler aux murs de Constantinople. Il abritait le centre administratif du royaume anglais du pays de Galles.

6 **Manorbier, Pembrokeshire**

Un château du XIIe siècle, avec tours, grande salle et autres bâtiments situés dans une cour intérieure.

Blarney

Irlande

7 **Blarney, Cork**

Une énorme tour du début du XVe siècle, située dans une cour intérieure. Ce château est connu pour la pierre de Blarney, réputée apporter plein de « bagout » à celui qui l'embrasse !

8 **Carrickfergus, Antrim**

Un château normand construit vers 1200. Il constitue une partie de la conquête anglaise de l'Irlande.

Gaillard

France

9 **Château Gaillard, Normandie**

Un solide château dominant la Seine, pour protéger les abords de Rouen et de la Normandie. C'est Richard Cœur de Lion qui le fit construire de 1196 à 1198.

10 **Loches, Indre-et-Loire**

Un haut donjon des années 1020-1030, entouré d'un château à la fin du XIIe siècle. Il abritait une cité fortifiée comprenant une belle demeure royale.

Château des comtes

Belgique

11 **Château des comtes, Gand**

Cet énorme château, construit en 1180, était le siège des comtes de Flandres.

12 **Beersel, Bruxelles**

Édifié entre 1300 et 1310 pour défendre Bruxelles, il comprenait les premiers corps d'artillerie dans ses épaisses tours.

Wartburg

Allemagne

13 **Wartburg, Thuringe**

Construit du XIIe siècle jusqu'au XVIIe siècle, ce château comprenait plusieurs bâtiments (dont un palais roman).

14 **Marksburg, Rhénanie-Palatinat**

Ce château fut commencé en 1117 et est si bien conservé que son aspect reste le même qu'au Moyen Âge !

Hochosterwitz

Autriche

15 **Hochosterwitz, Carinthie**

Cet imposant château médiéval fut sans cesse fortifié jusqu'au XVIe siècle où il devint un superbe palais.

16 **Falkenstein, Basse-Autriche**

Construit sur un piton rocheux en 1050, il resta une forteresse jusqu'au XVIIe siècle, où il fut démoli.

Alcazar de Ségovie

Espagne

17 **Alcazar de Ségovie, Castille-León**

Perché en haut d'une colline, ce château fut édifié par les Maures, puis rebâti aux XVe et XIXe siècles. Durant le Moyen Âge, plusieurs rois d'Espagne y vécurent.

18 **Palais de l'Aljaferia, Aragon**

Depuis sa construction au IXe siècle, ce château servit de palais, de garnison et d'école militaire pendant près d'un millénaire.

Castelvecchio

Italie

19 **Castelvecchio, Vénétie**

Cette forteresse fut construite en 1350 pour défendre la ville de Vérone. Elle servit jusqu'en 1925.

20 **Volterra, Toscane**

Cet imposant château fut édifié sur le site d'une cité étrusque.

Acrocorinthe

Grèce

21 **Acrocorinthe, Péloponnèse**

Cette citadelle fut d'abord érigée vers 700 ans av. J.-C., puis reconstruite et sans cesse fortifiée jusqu'au XVIe siècle.

22 **Mistras, Péloponnèse**

Commencé en 1249, ce château érigé sur un rocher domine la cité abandonnée de Mistras. Des palaces et vingt églises sont en ruine.

Nyborg

Danemark

23 **Nyborg, Fionie**

Ce château du XIVe siècle fut reconstruit deux siècles plus tard pour devenir un palais royal, qui abrita une assemblée de nobles danois.

24 **Kronborg, Hovedstaden**

Cet immense palais médiéval, possédant un fort d'artillerie, fut construit vers les XVIe et XVIIe siècles. Shakespeare situa l'action de sa pièce *Hamlet* dans le château d'Elseneur !

Bohus

Norvège

25 **Fort de Bohus, Bohuslän**

Désormais en Suède, cette forteresse fut construite en 1308 par les Norvégiens, et fut protégée jusqu'au XVIIe siècle grâce à ses bastions d'artillerie.

26 **Christiansø, Kristiansand**

Commencée en 1635, cette forteresse était encore efficace en 1940 grâce à son fort d'artillerie qui dominait la mer.

Kalmar

27 Suède

Kalmar, Småland

Débuté au XIIe siècle et reconstruit en 1280, il fut restauré au XVIe siècle pour devenir un palais royal.

28 **Malmöhus, Scanie**

Ce château situé dans la ville de Malmö fut construit en 1434, puis démoli au début du XVIe siècle. Un nouveau château prit sa place en 1530 commandé par Christian III, roi du Danemark.

Karlstejn

République tchèque

29 **Karlstejn, Bohême centrale**

Ce château fut construit après 1348 par le Saint Empire romain. Il possédait une grande tour et un palais.

Orava

Slovaquie

31 **Orava, Zilina**

Édifié sur un piton rocheux au XIIIe siècle, ce château est l'un des mieux conservés de toute la Slovaquie.

Wawel

Pologne

33 **Wawel, Cracovie**

Ce palais fortifié fut édifié au XVIe siècle sur une colline. Celle-ci abritait le siège du gouvernement depuis le XIe siècle.

Roumélie Hissar

Turquie

35 **Roumélie Hissar, Istanbul**

Ce château fut construit près du Bosphore pour protéger Constantinople et inspirer la peur à la population locale.

Bran

Roumanie

30 **Bran, comté de Brasov**

Construit par l'ordre des chevaliers Teutoniques, en 1212, il fut présenté comme le « château de Dracula », lieu de l'action des films.

Buda

Hongrie

32 **Buda, comté de Pest**

Ce château d'origine médiévale fut détruit lors du siège de 1686. Il fut en partie reconstruit dans le style baroque.

Pskov

Russie

34 **Pskov, province de Pskov**

Cette forteresse protégeait la capitale de la république médiévale de la région de Pskov. Assiégée plus de 40 fois, elle parvint à contrer seulement deux sièges.

Citadelle de Saladin

Syrie

36 **Citadelle de Saladin, Lattaquié**

Connu autrefois sous le nom de Saône (ou Sahyun), cet imposant château fortifié des chevaliers Hospitaliers fut édifié sur un lieu stratégique.

Glossaire

adoubement : cérémonie au cours de laquelle un écuyer devenait chevalier. Un noble ou un roi frappait le plat d'une épée sur son épaule pour symboliser son accès au rang de chevalier.

arbalète : arme dans laquelle l'arc était monté sur un fût et bandé à la main ou par une manivelle. Ainsi, la corde pouvait être tirée en arrière et avoir une tension bien supérieure à celle d'un arc ordinaire. Cela explique pourquoi les flèches d'une arbalète étaient tirées avec une très grande force.

arc d'homme d'armes : arc de 1,80 m de long, introduit au Moyen Âge pour améliorer les performances de l'archer. Cet arc pouvait, en effet, avoir des portées de 360 m, mais, lors des combats de proximité, il pouvait transpercer des armures à plates.

archer : soldat sachant manier avec habileté un arc et ses flèches.

armure à plates : armure composée de plaques de métal qui enveloppait le corps. Elle était munie de rivets aux articulations et comportait une cotte de mailles placée derrière les genoux et les coudes. Cette armure offrait une meilleure protection que les cottes de mailles. Ces dernières furent donc peu à peu remplacées.

armurier : artisan spécialiste en métal, qui fabrique les armures.

artillerie : ce nom recouvrait l'ensemble des machines de guerre, y compris les catapultes. Plus tard, il désigna aussi les canons et autres armes à feu utilisant de la poudre à canon.

catapulte : ce mot regroupait tous les types d'engins propulsant des projectiles. Les catapultes les envoyaient à l'aide de cordes, de contrepoids, ou grâce à la tension de lanières de cuir. Au XVe siècle, elles furent très largement remplacées par les canons. Voir les mots *trébuchet* et *mangonneau*.

charges : motifs peints ou cousus sur les boucliers, ou peints sur les habits et drapeaux. Ils servaient à distinguer les chevaliers lors des combats. Les nobles qui se mariaient réunissaient leurs deux charges sur leur écusson.

château concentrique : château possédant deux lignes de murailles défensives. Les défenseurs placés sur les plus hauts murs intérieurs pouvaient lancer les flèches de toutes parts.

chevalerie : issu du mot « cheval », la chevalerie était l'art de vie des chevaliers. Il associait l'honneur à l'habileté au combat, l'aisance à cheval, la modestie à la victoire et les bonnes manières dans les relations sociales.

chevalier : habile soldat qui combattait à cheval. Au fil des ans, être chevalier fut un signe d'honneur, surtout depuis que les chevaliers devinrent propriétaires terriens.

corps de garde : tour (ou tours) située(s) près de la porte du château pour en contrôler l'entrée.

cotte de mailles : armure faite de petits anneaux de métal frappé reliés les uns aux autres qui constituaient un manteau souple. Si la cotte était résistante aux épées et aux haches, en revanche, elle était perméable aux flèches.

cour intérieure : les châteaux concentriques typiques possédaient cette cour entièrement ceinte par une autre cour extérieure.

créneau : étroite ouverture pratiquée dans un mur du château permettant au défenseur de tirer sur l'assaillant tout en restant à l'abri.

crénelure : la crénelure est le nom donné à l'ensemble des créneaux.

croisades : série de neuf guerres, qui eurent lieu de 1096 à 1291. Elles étaient approuvées par le pape car elles devaient reprendre Jérusalem et la Terre sainte, aux mains des musulmans. Les soldats occidentaux portaient l'emblème d'une croix (du mot latin *crux*, qui donna le mot « croisade ») sur leurs habits et boucliers.

donjon : c'est la plus grande tour du château, et c'est souvent là que le seigneur se tenait dans ses appartements. Au Moyen Âge, un donjon était plus communément appelé « grande tour ».

douve : fossé rempli d'eau, utilisé pour protéger les châteaux édifiés sur un terrain plat. Ces fossés constituaient un bon obstacle pour les assaillants qui ne pouvaient accéder aux murs de base du château.

écuyer : jeune garçon qui accompagnait un chevalier et l'aidait à veiller sur ses chevaux, son armure et ses armes. Après un apprentissage de cinq à dix ans, un écuyer pouvait espérer devenir chevalier.

fantassin : ce soldat combattait à pied, contrairement aux chevaliers et aux hommes d'armes qui montaient à cheval.

féodalité : organisation sociale du Moyen Âge où le souverain donnait des terres à ses vassaux, qui, en retour, faisaient le serment de loyauté et qui se tenaient à son service.

forgeron : artisan qui forgeait et façonnait les objets en fer. Sa principale occupation était de fabriquer des fers à cheval.

garnison : ensemble des soldats établis dans un château donné pour le défendre. La plupart des châteaux possédaient juste une garnison de quelques hommes. Lors des sièges en temps de guerre, de nombreux soldats étaient appelés en renfort.

grande salle : pièce très importante d'un château, utilisée pour les événements solennels, les réunions et les banquets.

héraldique : discipline ayant pour objet la connaissance et l'étude des symboles et des motifs figurant sur les boucliers et les cottes des chevaliers pour les distinguer lors des tournois et des combats. Le mot vient du latin *heraldus*, qui signifie « héraut ».

herse : lourde porte de bois renforcée de fer que l'on soulevait par un treuil depuis une pièce au-dessus pour permettre l'entrée au château. Une fois abaissée, cette grille constituait une formidable barrière ne pouvant être endommagée que par des haches.

lance : lourde perche de bois, longue de plus de 4 m, portée par les chevaliers lors des combats et des joutes.

mâchicoulis : galerie en encorbellement, située au sommet d'une muraille. Ses ouvertures permettaient aux défenseurs de tirer des flèches ou de lâcher des projectiles sur les assaillants.

machines de siège : nom qui inclu des engins, la plupart en bois, conçus pour briser des murs et démoraliser les défenseurs. Les catapultes, les trébuchets et les tours de siège en faisaient partie.

maçon : artisan sachant habilement tailler et façonner la pierre. C'était le maître d'œuvre d'un château ou d'une église.

mangonneau : sorte de catapulte fonctionnant grâce à la tension de cordes tressées ou de lanières de cuir. Ces machines de siège étaient idéales pour lancer des pierres, par exemple, sur de courtes distances.

Maures : groupe de musulmans de l'Afrique du Nord-Ouest qui conquirent une grande partie de l'Espagne et du Portugal au début du Moyen Âge.

ménestrel : poète ou musicien qui chantait ou récitait tout en s'accompagnant d'un instrument à corde. Certains ménestrels étaient employés au service d'un seigneur, et d'autres allaient de château en château.

meurtrières : série de trous aménagés dans le plafond voûté de l'entrée d'un château, ou d'ouvertures pratiquées dans l'épaisseur d'un mur qui permettaient aux défenseurs de lancer des flèches ou toutes sortes de projectiles sur les attaquants.

mine : tactique de siège qui consistait à creuser une galerie pour attaquer les fondations des murailles des châteaux. Les mineurs mettaient alors de la paille et imbibaient d'huile toutes sortes de matériaux pour enflammer les étais de bois qui soutenaient ce tunnel. Si le plan fonctionnait bien, les murailles s'effondraient.

noble : dans la société médiévale, c'était le plus haut rang de propriétaires terriens, sous le roi. Les nobles étaient issus de quelques douzaines de grandes familles, souvent proches du souverain. De nombreux nobles étaient aussi chevaliers.

Normands : c'était à l'origine des Vikings qui vinrent s'installer, au début du xe siècle, dans le nord de la France. Ces Normands se sont mêlés aux nobles français de la région pour former une puissante société militaire qui sema la terreur à travers l'Europe. Ils conquirent l'Angleterre, la Sicile et une partie de l'Italie et de l'Irlande.

page : en général fils de chevalier, ce jeune, âgé de huit à neuf ans, était éduqué pour être au service d'une famille noble. Certains devenaient écuyers à l'adolescence.

parapet : rempart bordant le chemin de ronde, au sommet d'une muraille. Il empêchait les gens de tomber et était souvent percé de créneaux.

paysan : modeste fermier et travailleur du Moyen Âge. Les mots médiévaux étaient très précis, car on pouvait dire « esclave », « vilain », « villageois » ou « serf ». Tout dépendait de la fonction exercée.

pont-levis : pont enjambant des douves ou un fossé et qui empêchait l'accès à un château. Relevé, il laissait alors l'ennemi dehors.

rempart : protection située en haut des murailles d'un château, présentant en général des merlons, parties pleines séparées par des sortes de crans, les créneaux. Les défenseurs pouvaient faire feu sur les assaillants à travers ces ouvertures, tout en étant protégés par les merlons.

royaume : un État qui a un roi ou une reine à sa tête, aussi appelé une monarchie. Certains pays sont encore des monarchies, mais leur souverain a surtout un pouvoir symbolique.

seigneur : puissant chevalier ou noble qui possédait des terres afin de nourrir sa famille, ses domestiques, et les paysans qui travaillaient pour lui. Les seigneurs vivaient souvent dans des châteaux.

serf : paysan attaché à une terre et appartenant à son seigneur. Ce mot vient du latin *servus*, qui signifiait « esclave », mais, au Moyen Âge, le serf avait néanmoins quelques droits. En revanche, il ne devait pas quitter sa terre.

siège : tactique qui consistait à assiéger un château en l'encerclant, en empêchant tout approvisionnement et tout renfort pour obliger son seigneur à se rendre.

surcot : vêtement souple que l'on portait sur l'armure pour la protéger de la poussière et de la pluie. Cet habit pouvait porter l'écusson du chevalier.

tour de guet : petite tour construite en haut d'une grosse tour ou d'un mur. Elle permettait de voir l'ennemi de loin.

tour de siège (ou d'assaut) : grosse tour de bois sur roues, munie d'échelles. Elle permettait aux assaillants de prendre le château d'assaut. Au cœur de la machine, plusieurs dizaines d'archers (parfois des centaines !) étaient postés sur des plates-formes et tiraient sur les remparts, où se trouvaient les défenseurs.

tournois : simulation de bataille dans laquelle des chevaliers, en groupes, exerçaient leur habileté à combattre à cheval. Les tournois étaient très dangereux. Cependant, le vainqueur recevait gloire et richesse en plus, bien souvent, des armes et de l'armure du vaincu.

trébuchet : la plus grosse des machines de siège, qui fonctionnait sur le principe du contrepoids. Un levier en bois était placé au centre de la machine ; à une extrémité, on fixait un lourd poids et, à l'autre, une fronde contenant des projectiles. Lorsque le poids s'abaissait, le bras du levier se redressait et la fronde libérait le projectile avec force vers la cible à atteindre.

Index

Crédits

L'éditeur remercie Alexandra Cooper pour sa contribution, et Puddingburn pour l'index.

ILLUSTRATIONS
Couverture de Moonrunner Design ; 4ᵉ de couverture : GODD.com
Toutes les illustrations intérieures sont de GODD.com (Markus Junker, Rolf Schröter, Patrick Tilp, Robert Keller, Julian Krause) ; excepté pour les pages 38-39, 46-47 : Spellcraft Studio e.k.

CARTES
Map Illustrations

PHOTOGRAPHIES
h = haut ; g = gauche ; d = droite ; hg = haut gauche : hcg = haut centre gauche ; hc = haut centre ; hcd = haut centre droit ; hd = haut droit ; cg = centre gauche ; c = centre ; cd = centre droit ; b = bas ; bg = bas gauche ; bcg = bas centre gauche ; bc = bas centre ; bcd = bas centre droit ; bd = bas droit

AA = The Art Archive ; APL = Australian Picture Library ; BA = Bridgeman, Art Library ; CBT = Corbis ; iS = iStock ; MEPL = Mary Evans Picture Library ; PIC = The Picture desk ; PL = photolibrary.com

8bg APL ; 10 bd APL ; 11hd AA ; 30hd BA ; 32hd PIC ; 37hd PL ; 40bg BA ; 47bd APL ; 48bc PL ; bcg, bgCBT ; 53hd AA ; 57hg MEPL ; 58 hg MEPL ; hd BA ; 60-61 iS

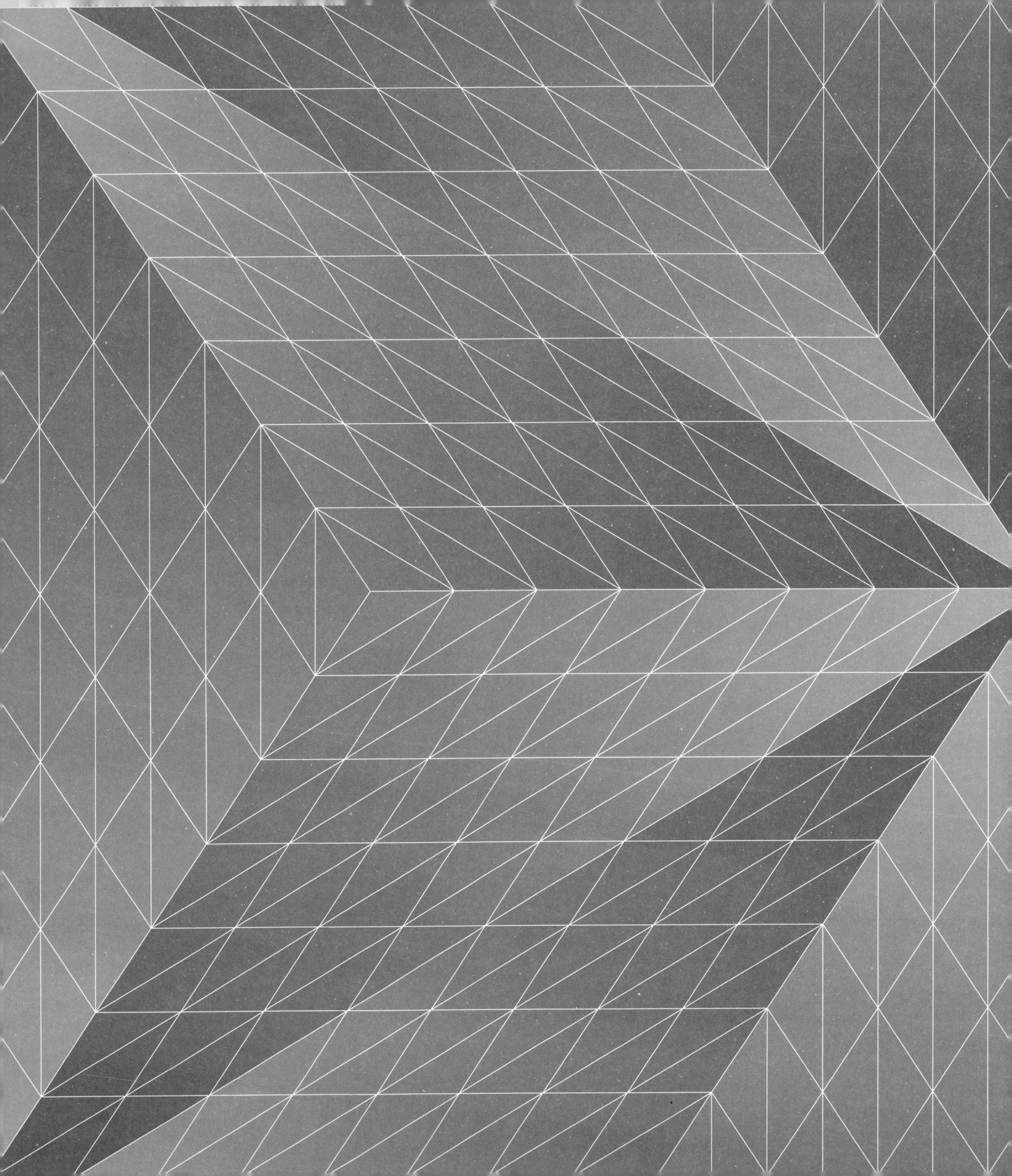